決定版！

12か月の かわいい 壁面 87

12か月の壁面 74点＋誕生表９点

保育に役立つおはなし★うた壁面

本書の特長

1 作品バリエーションがたっぷり★

12か月の季節壁面の中に、うたをイメージした壁面、おはなしをイメージした作品を盛り込んで掲載。
また子どもたちに人気の場所・誕生表壁面と、全部で87作品たっぷり掲載！

12か月 P10～

4月
お花にかこまれおめでとう
にゅう えんおめでとう

おはなし
うた

人気の場所 P106～

おおきなすいそう すいぞくかん

誕生表 P112～

おめでとう！ 星座のモチーフ誕生表
おめでとう！ 季節のくだもの誕生表

2 「子どもも参加！」がたくさん★

子どもも参加して作れる作り方ポイント53点、
子どもも参加して作れるアレンジ案55点紹介！

作り方ポイント
子どもも参加！
こいのぼり

作り方ポイント
子どもも参加！
低年齢児にも！
かぼちゃのおばけ
顔のパーツをはる。

作り方ポイント
子どもも参加！
羽子板
半紙を折る
角を色水で染める

3 壁面活用アイデア、小ワザも紹介★

壁面作品の活用アイデア、製作に使える技法あそび、その他使える小ワザも紹介！

おもちゃに変身
★動くくるま！
ストロー
竹ぐし
色画用紙を貼った牛乳パック
はる

技法あそび

小ワザ
ほっぺたの作り方
色画用紙
丸シールをはる
クレヨンをぼかす

写真付き

もくじ

4月

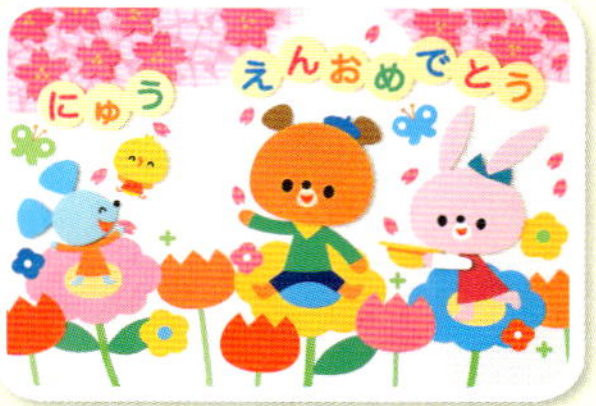

にゅう
えんおめでとう

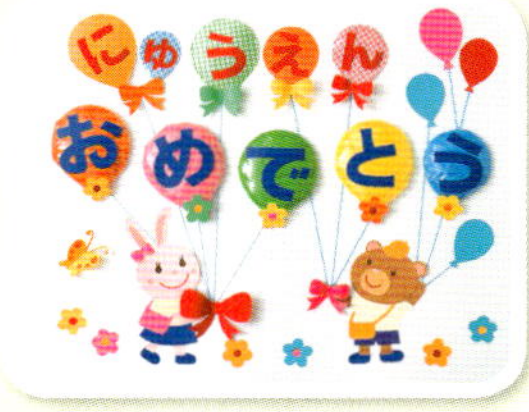

にゅうえん
おめでとう

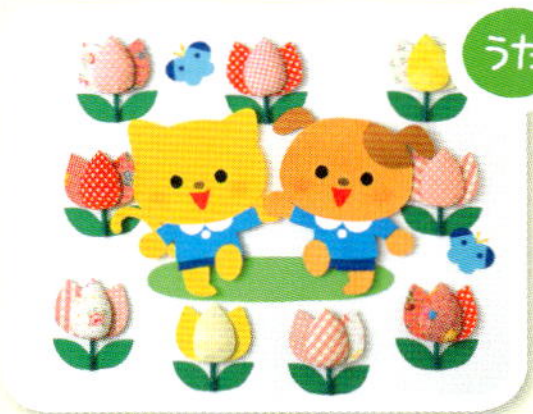

うた

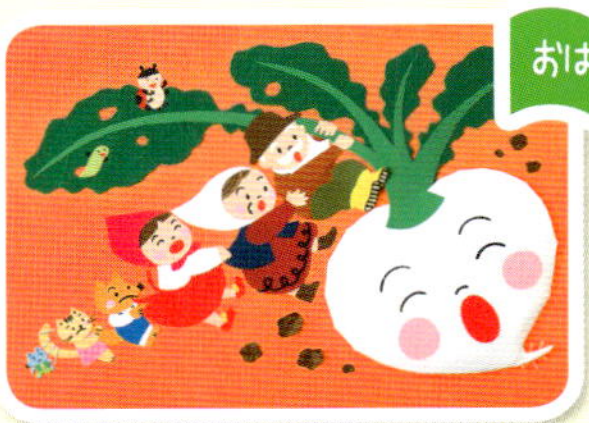

おはなし

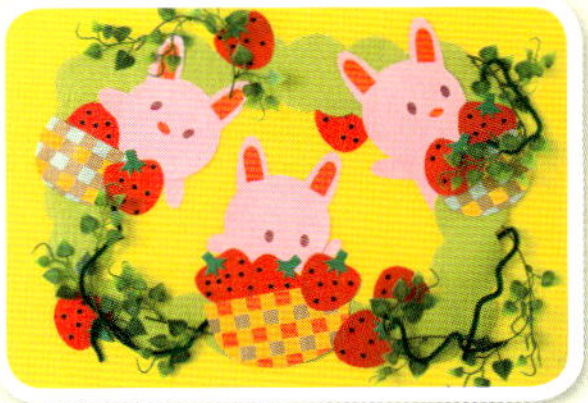

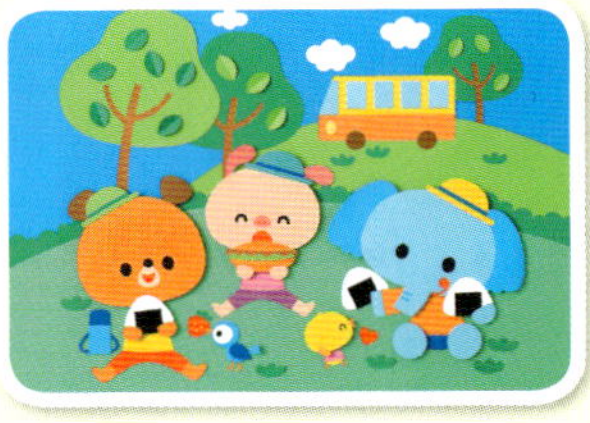

5月

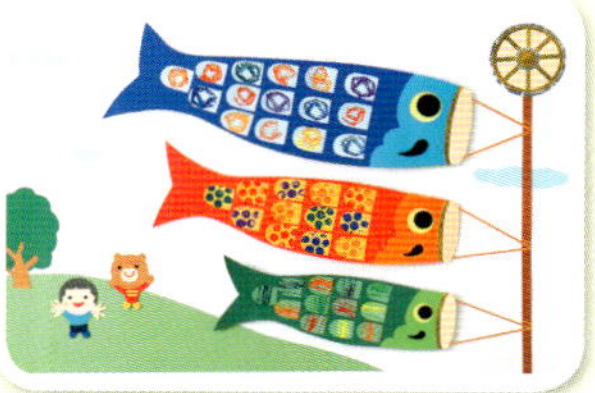

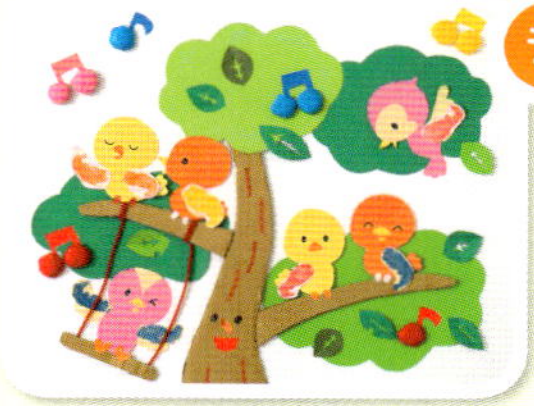

うた

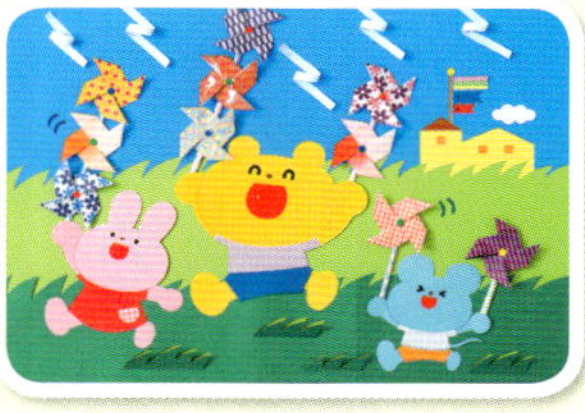

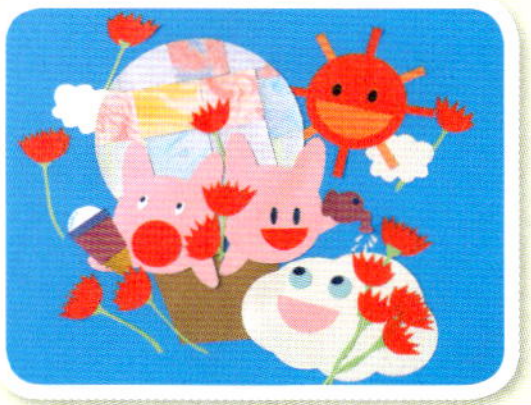

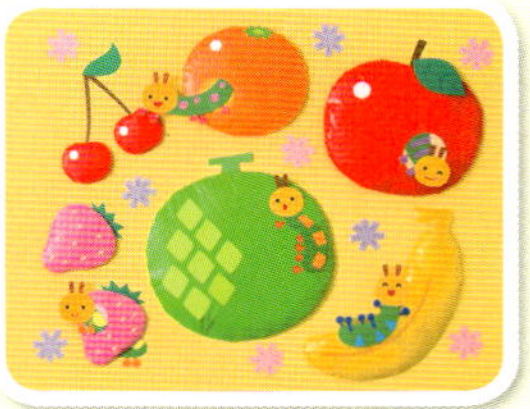

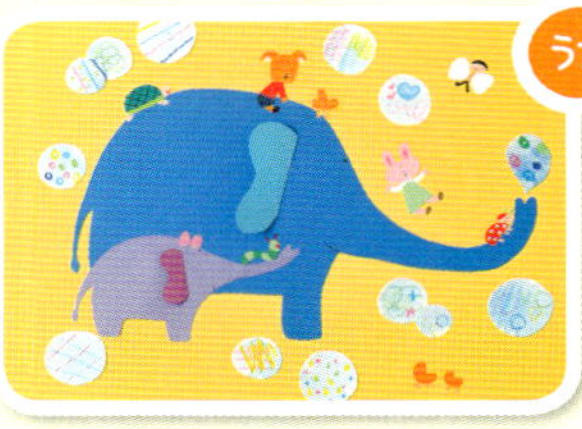

うた

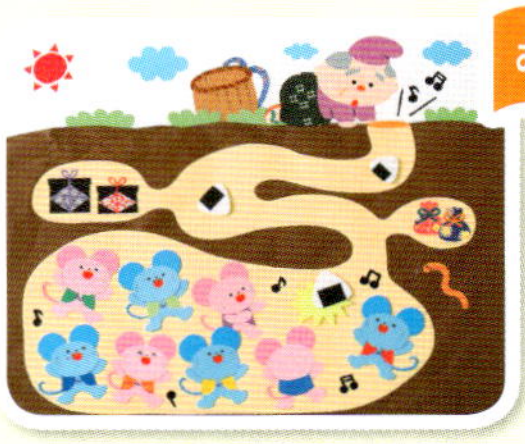

おはなし

6月

7月

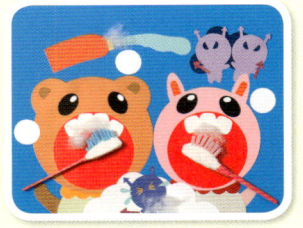

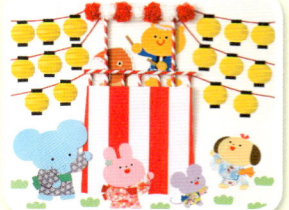

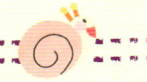

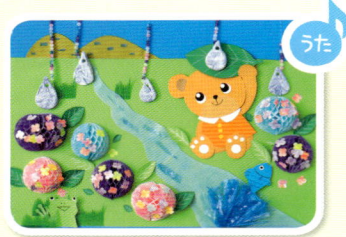

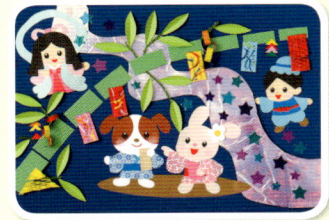

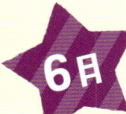

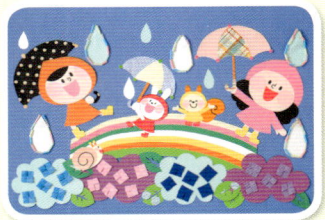

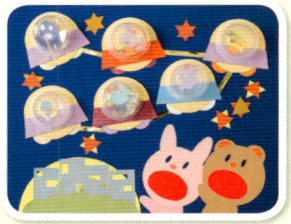

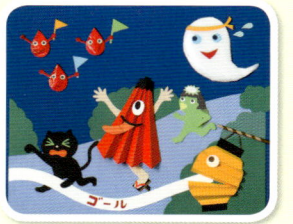

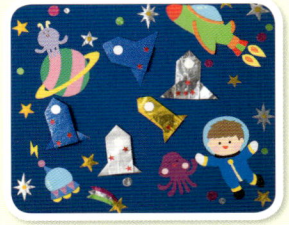

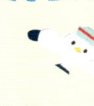

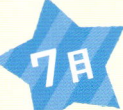

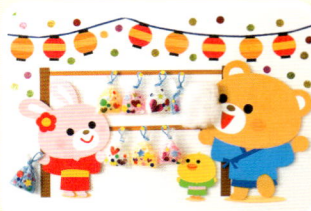

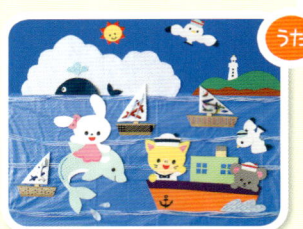

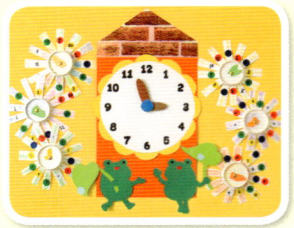

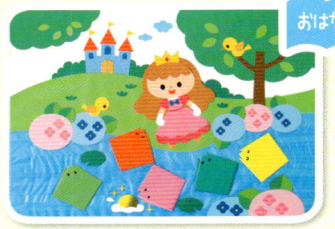

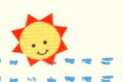

8月

9月

10月

うた

おはなし

11月

おはなし

うた

12月

1月

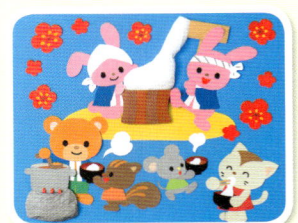

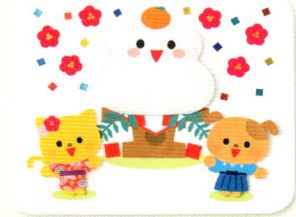

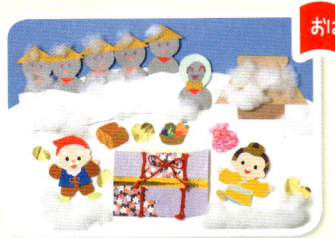

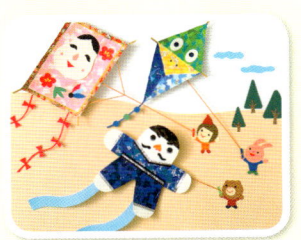

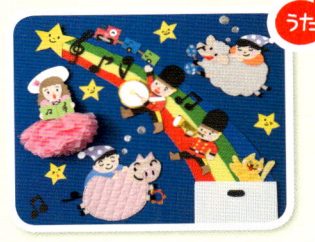

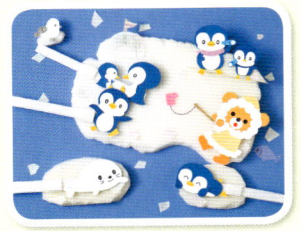

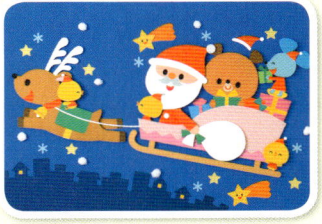

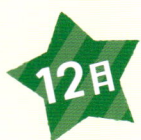

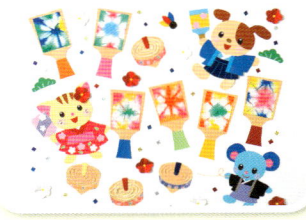

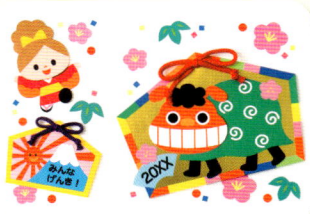

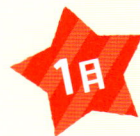

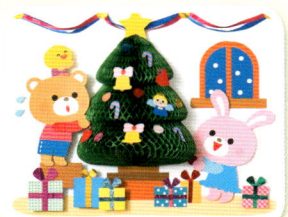

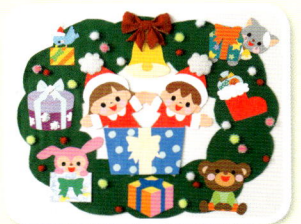

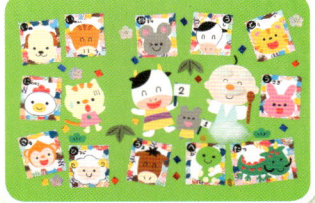

2月

おはなし

3月

うた

おはなし

子どもに人気の場所

誕生表

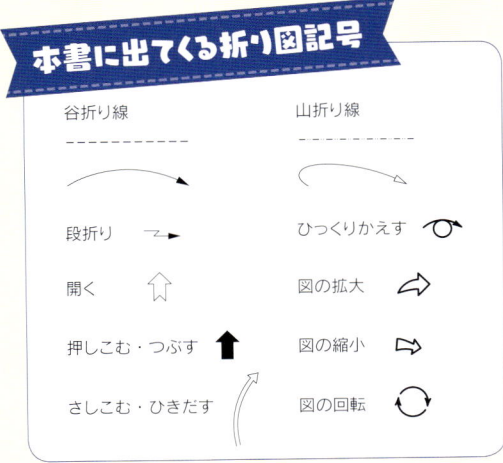

本書に出てくる折り図記号

- 谷折り線
- 山折り線
- 段折り
- ひっくりかえす
- 開く
- 図の拡大
- 押しこむ・つぶす
- 図の縮小
- さしこむ・ひきだす
- 図の回転

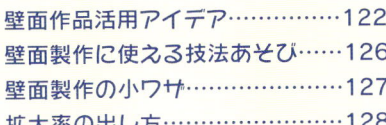

4月

型紙
P129

お花にかこまれ
おめでとう

さくらやチューリップ、いろいろなお花が、入園や進級の雰囲気を明るくいろどります。さくらの花を子どもたちと一緒に作ってもいいですね。

製作 ▶ とりうみゆき

素材 色画用紙　厚紙
お花紙　段ボール

にゅう

＼子どもも参加！／

作り方ポイント

さくらの花

［背景にお花紙をはり、
さくらは立体的に！］

厚紙にあらかじめ
切ったお花紙をはる。

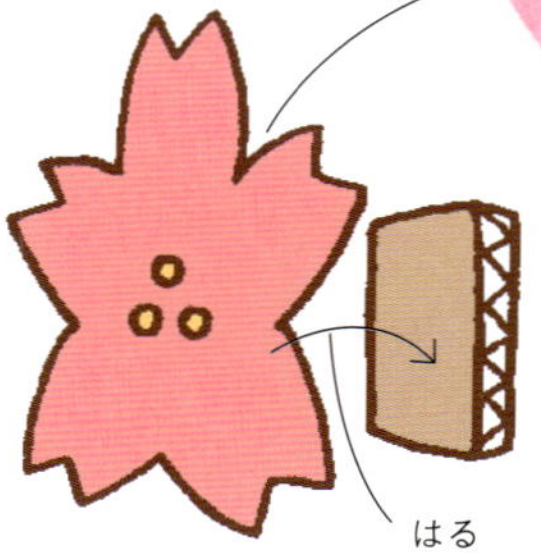
はる

段ボールをかませて
立体的に。

子どもも参加！

アレンジ案

さくらの花

01 はじき絵

❷水で溶いた
絵の具をぬる。
❶クレヨンで模様を描く。

02 はり絵

折り紙や包装紙をちぎってはる。

03 染め紙

4つ折りにした和紙や障子紙。

絵の具を溶いた色水で染める。

乾いたら桜の形に切り、中央部分にキラキラのモールをはる。

4月

型紙
P130

風船文字でおめでとう

子どもたちが大好きな風船に、お祝いのことばをのせてみましょう。お花紙を使った立体感のある風船が、インパクト大で目をひきます。

製作 ▶ 阪本あやこ

素材 色画用紙　厚紙　お花紙　折り紙　ラップ　毛糸

作り方ポイント

ふうせん ［ラップをまいて ピカピカ光沢感］

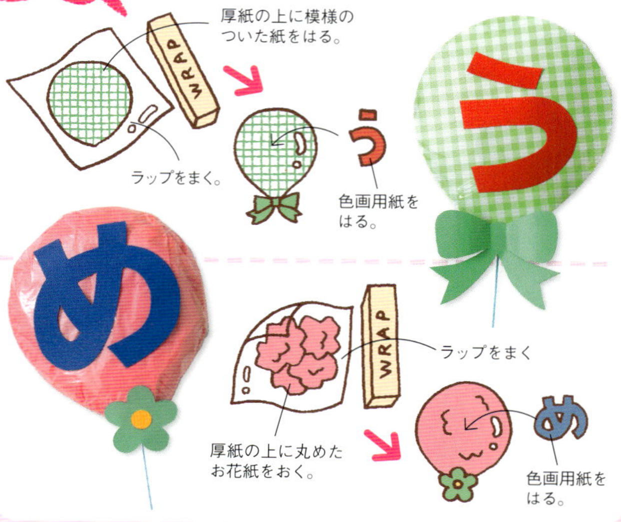

4月

型紙 P130

うた チューリップ

チューリップが部屋にも咲いて、とっても華やかに。中央の花びら部分は綿を布で包むと、立体的になります。うた『チューリップ』をイメージして作りました。

製作 ▶ おおしだいちこ

素材 色画用紙　厚紙　綿　布　ストロー

作り方ポイント

チューリップ

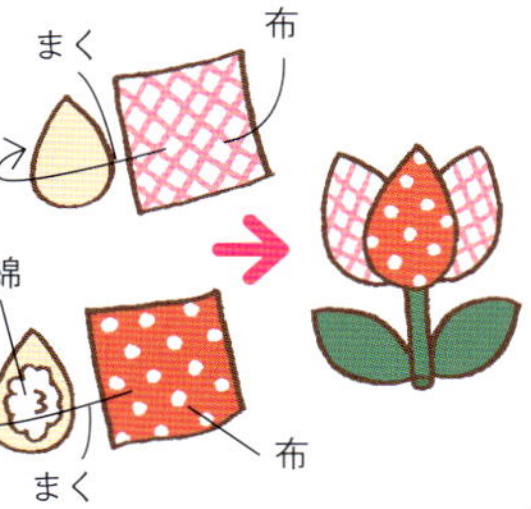
まく
布
綿
布
まく

花びらに布をまいてはり、
中央の花びらは立体的に！

子どもも参加！ アレンジ案

チューリップ

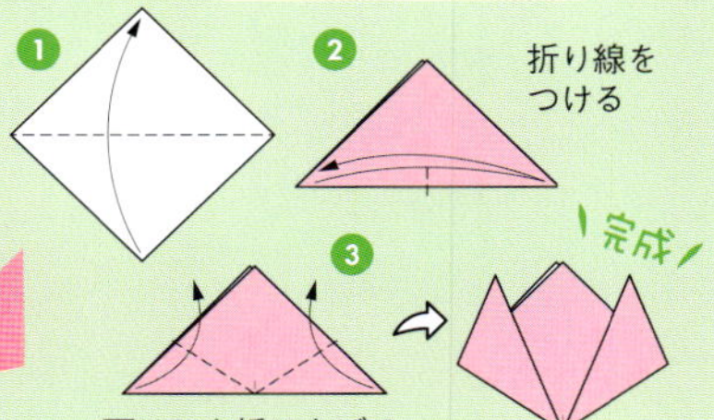
1
2
折り線をつける
3
両はしを折り上げる
完成

4月

型紙 P131

おはなし おおきなかぶ

「うんとこしょ！」
おおきなかぶをみんなで力を合わせて引っ張ります。ロシアの民話『おおきなかぶ』をイメージして作りました。

イラスト ▶ 竜田麻衣
製作 ▶ ひぃ

素材 色画用紙　段ボール　綿　カラーポリ袋　不織布　布　タコ糸　ひも

作り方ポイント

かぶ

段ボールに綿をはって、白のカラーポリ袋をまくと、立体的なかぶに♪

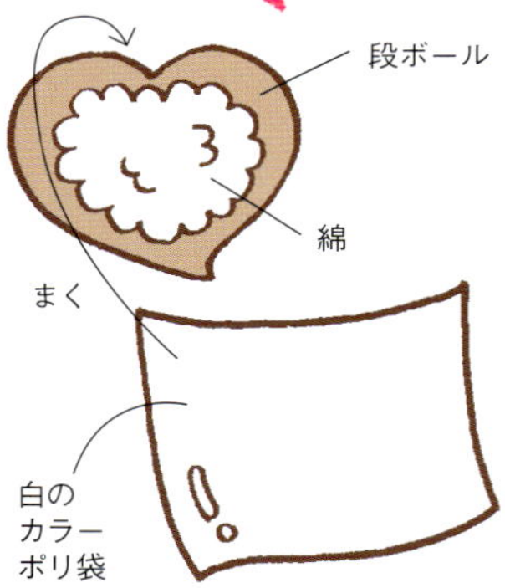

素材ポイント

孫

三角巾は布。

おばあさん

三角巾は布。スカートの模様はひも。

ねずみ

しっぽは糸やひも。

子どもも参加！ アレンジ案

かぶ

01 ポリ袋のかぶ

透明のポリ袋に白の画用紙を丸めて詰める。目や口、葉っぱをつけて完成！

手形に切った
画用紙

02 段ボールのかぶ

かぶの形に切った段ボールを絵の具でぬり、顔はクレヨンで描く。葉っぱは子どもの手形に切りとった画用紙をはる。

みつあみにした
すずらんテープ
色画用紙

03 新聞紙あそびで作ったかぶ

白いポリ袋に新聞紙を詰める。目や口をつけて「おおきなかぶ」完成！

新聞紙
あそび後…
白いポリ袋に
新聞紙を入れる。

4月

型紙 P132

うさぎさんのイチゴつみ

真っ赤なイチゴをうさぎさんたちは何個とれるかな？組み紙で作ったおしゃれなかごも製作のポイントです。作りものの観葉植物も一緒に飾るとぐっとリアルでかわいくなります！

製作 ▶スピカ

素材 色画用紙　和紙　モール　丸シール
作りものの観葉植物（フェイクグリーン）

作り方ポイント

子どもも参加！

かご　［組み紙でイチゴ入れのかごを作る］

違う色や模様の紙を使って、組み紙あそびをして、イチゴ入れのかごを作ろう。

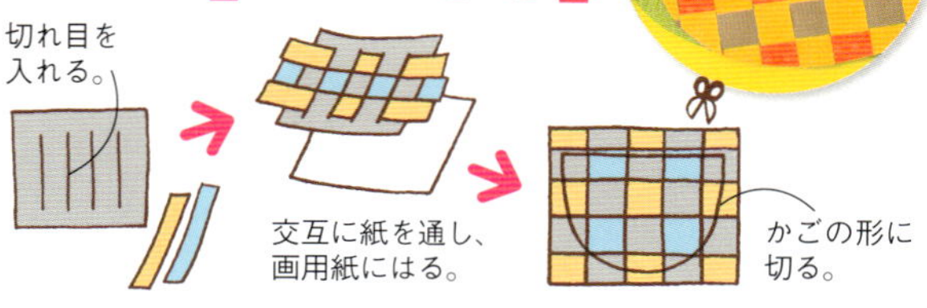
切れ目を入れる。
交互に紙を通し、画用紙にはる。
かごの形に切る。

素材ポイント

イチゴの葉

作りものの植物（フェイクグリーン）。100円ショップでかんたんに手に入ります！

4月

型紙 P132

バスえんそくでいただきます！

えんそくの大きな楽しみのひとつ、みんなで食べるお弁当タイム！おにぎりかな？サンドイッチかな？子どもたちのえんそくへの期待も、壁面を見て高まりますね。

製作 ▶ とりうみゆき

素材 色画用紙　片段ボール

作り方ポイント

子どもも参加！

木の葉っぱ

半分に折って立体的にすると、いきいきとした印象になる。

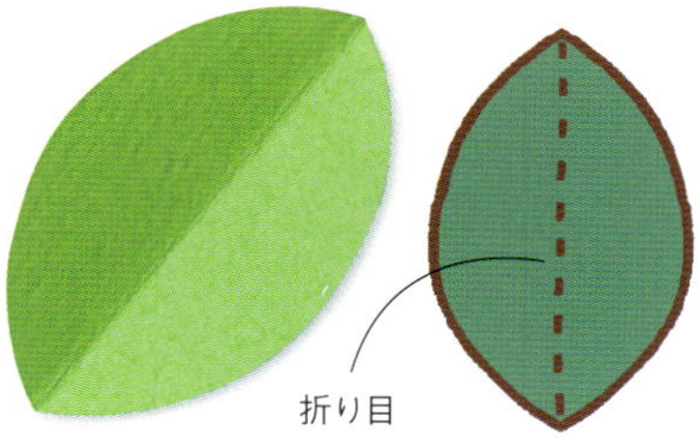

子どもも参加！ アレンジ案

おにぎり

お花紙を丸めて立体的なおにぎりにする。のりは色画用紙を使って。

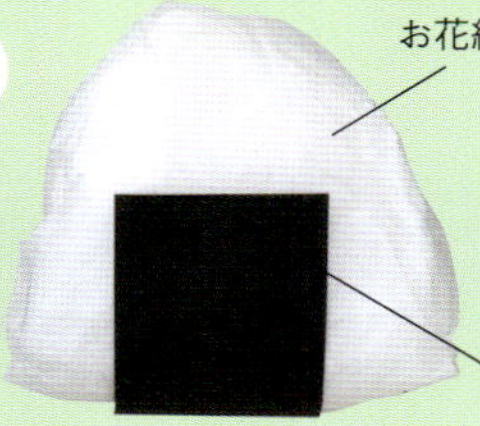

5月

型紙 P133

うろこがすてきな こいのぼり

おとうさんこいのぼり、おかあさんこいのぼり、こどもこいのぼり、よく見ると、それぞれ違ったうろこ模様がすてき！　スタンプあそびで子どもも参加できる楽しいこいのぼりです。

製作 ▶ 阪本あやこ

素材 色画用紙　キラキラ折り紙

作り方ポイント

子どもも参加！

こいのぼり

それぞれのこいのぼりのうろこを、いろいろなスタンプを使って作ってみよう。

［段ボールスタンプ］

おとうさんこいのぼり

段ボールをまいて作ったスタンプで。

［プチプチスタンプ］

おかあさんこいのぼり

プチプチシートを割り箸にまいて作ったスタンプで。

［輪ゴムスタンプ］

こどもこいのぼり

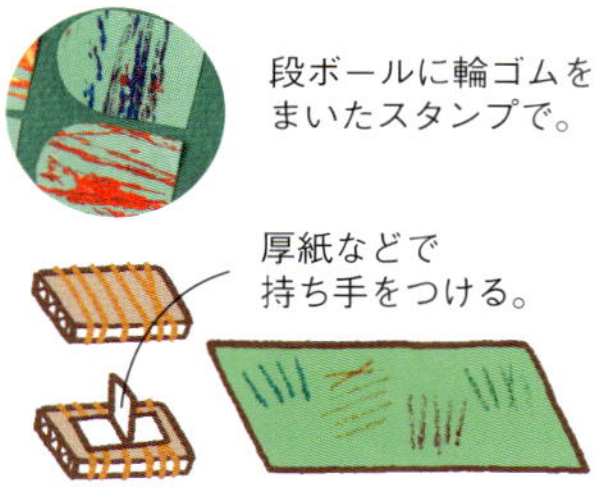

段ボールに輪ゴムをまいたスタンプで。

子どもも参加！ アレンジ案

いろいろスタンプ

［身近なものでスタンプ遊び！］

作り方ポイント②

うろこ

［まとめて切る］

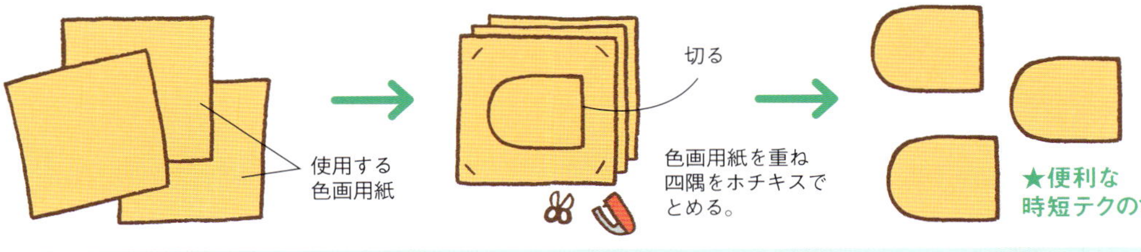
使用する
色画用紙
切る
色画用紙を重ね
四隅をホチキスで
とめる。

★便利な
時短テクのひとつ！

5月

型紙
P133

うた ことりのうた

ことりたちの大合唱。羽部分は子どもの手を使ってスタンプをしています。うた『ことりのうた』をイメージして作りました。

イラスト ▶ 高橋美紀
製作 ▶ Ayan＊

素材　色画用紙　お花紙　段ボール　モール

作り方ポイント

子どもも参加！

ことりの羽

子どもの手形や足形、指スタンプを切り抜いて、羽部分にはりつけてみよう。

音符

お花紙を丸めて立体的な音符にしてみよう。

5月

型紙 P134

風にのれのれ かざぐるま

5月の気持ちのよい風を受けて回るかざぐるま。すてきな柄の折り紙を子どもたちが選んで作ってもいいですね。まいた紙テープで、風を表現しています。

製作 ▶ 町田里美

素材 色画用紙　紙テープ　折り紙　丸シール

作り方ポイント

子どもも参加！

かざぐるま

折り紙でかざぐるまを折ってみよう。

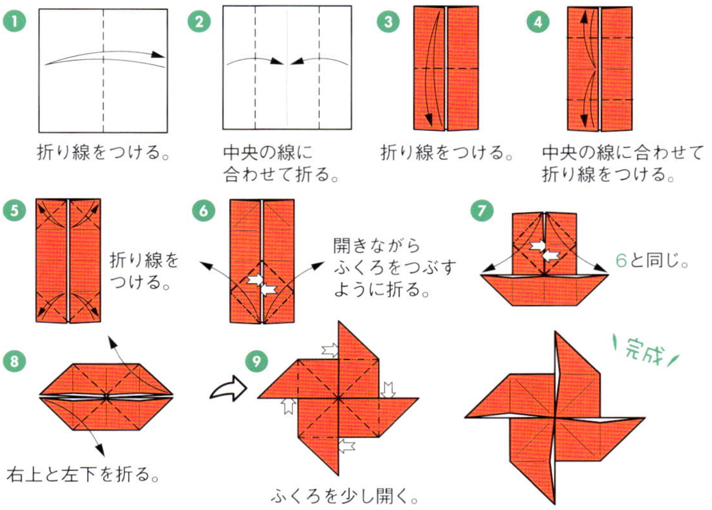

1 折り線をつける。
2 中央の線に合わせて折る。
3 折り線をつける。
4 中央の線に合わせて折り線をつける。
5 折り線をつける。
6 開きながらふくろをつぶすように折る。
7 6と同じ。
8 右上と左下を折る。
9 ふくろを少し開く。
完成

5月

型紙 P134

気球さんぽで発見！カーネーション

気球にのって青空へ出発すると、母の日に送るカーネーションを発見！気球はマーブリングをした紙ではり合わせています。

製作 ▶ スピカ

素材 色画用紙

作り方ポイント

子どもも参加！

気球

マーブリングで作った模様を切りばりして、きれいな模様の気球を作ってみよう。

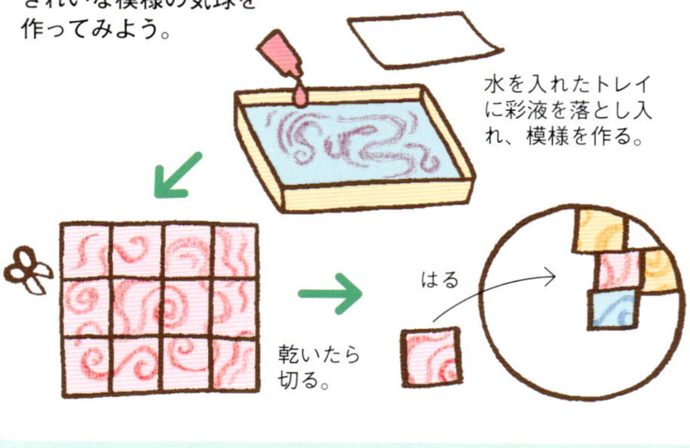

水を入れたトレイに彩液を落とし入れ、模様を作る。
乾いたら切る。
はる

5月

型紙 P135

おなかぺこぺこあおむしくん

おなかぺこぺこのあおむしくんたちは大好きなくだものを見つけて大喜び。綿をカラーポリ袋でまいた、立体的なくだものは、キラキラみずみずしくておいしそう。

製作 ▶つかさみほ（マーブルプランニング）

素材 色画用紙　厚紙　カラーポリ袋　綿

作り方ポイント

くだもの カラーポリ袋で包んではり、立体的にする。

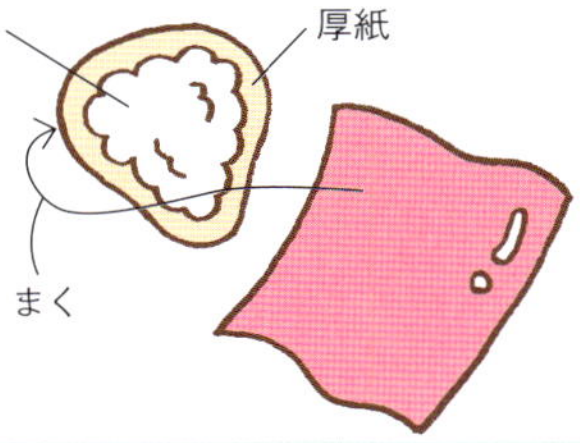

子どもも参加！アレンジ案

あおむし

あらかじめ切っておいた色画用紙に、子どもが顔や模様を描く。

5月

型紙
P135

型紙 P135

うた ぞうさん

やさしいぞうさんの周りには、たくさんのお友だちが集まります。シャボン玉は子どもたちと一緒に作っても楽しいです。うた『ぞうさん』をイメージして作りました。

イラスト ▶ 小泉直子
製作 ▶ Kao

素材 色画用紙

作り方ポイント

ぞうさんの耳

のりしろ部分を折ってはろう。

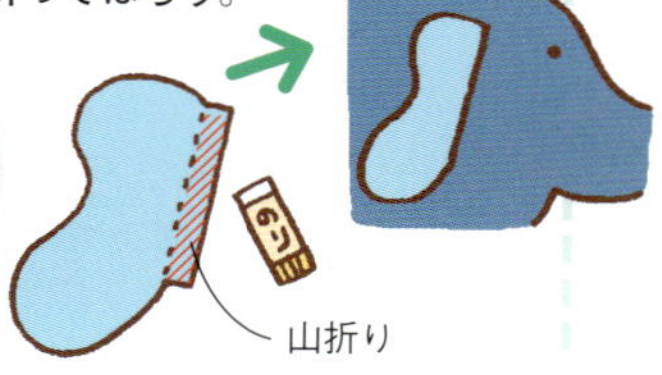

子どもも参加！

シャボン玉

はじき絵のシャボン玉。

子どもも参加！ アレンジ案

シャボン玉

01 段ボールスタンプ

段ボールを丸めたり、側面を使ったりして、スタンプあそびで模様をつける。

02 にじみ絵

和紙や障子紙に、水で溶いた絵の具を入れた霧吹きで色をつける。乾いたらペンでりんかく線を描いて切る。

5月

型紙 P136

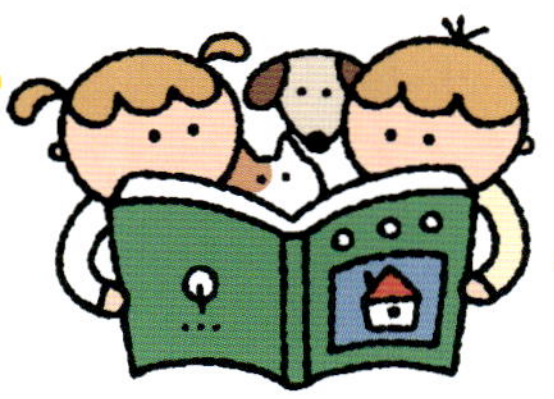

おむすびを落とした穴の中には、たくさんのねずみさんたちがいました。『おむすびころりん』のおはなしをイメージして作りました。

製作 ▶ 町田里美

おはなし おむすびころりん

素材 色画用紙　千代紙　段ボール

作り方ポイント

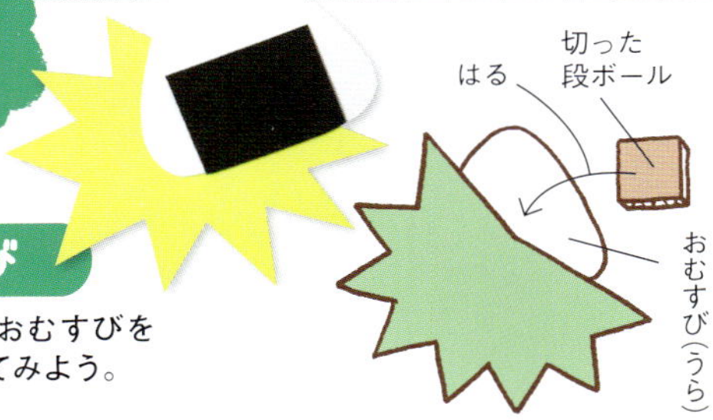
切った
段ボール
はる
おむすび(うら)

おむすび

転がり出てきたおむすびを目立たせて作ってみよう。

子どもも参加！ アレンジ案

クレヨンで
顔を描く
ひも
トイレット
ペーパーの芯
はる

ねずみ

あらかじめ切っておいた色画用紙に、子どもが顔や模様を描く。

6月

型紙
P137

すてきな傘で雨の日さんぽ

雨の日にすてきな傘をさして、虹の道を歩いてお出かけです。しずくやあじさいなど、ところどころ立体的にしてみましょう。

イラスト ▶ 蔵澄咲帆
製作 ▶ Ayan＊

素材 色画用紙　包装紙　折り紙　丸シール　プチプチシート　ストロー　ひも

作り方ポイント

子どもも参加！

雨のしずく

［ストローのひも通しですてきなしずくを作ってみよう］

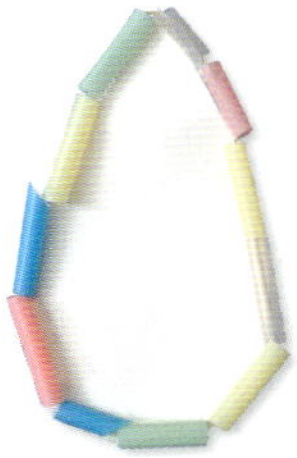

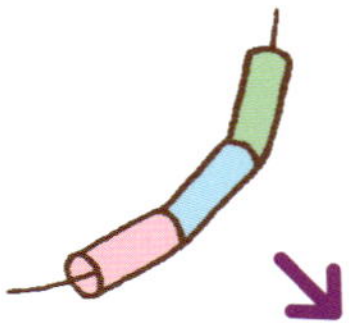

切ったストローにひもを通してつなげる。

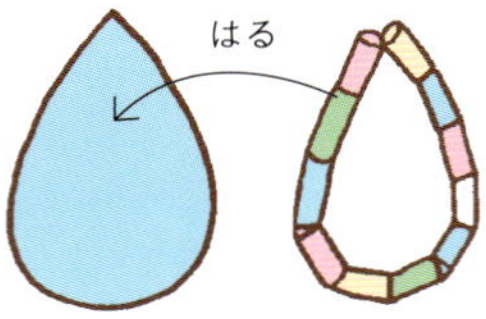

しずくの形に切った色画用紙のりんかくに沿って、ひも通ししたストローをはる。

あじさい

折り紙であじさいを折ってみよう。

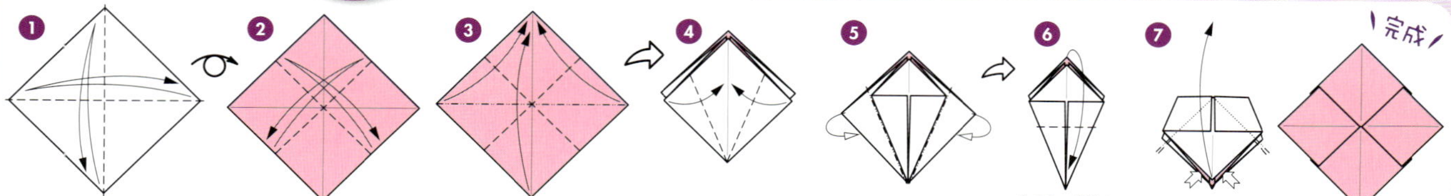

1 折り線をつける
2 折り線をつける
3 折り線に沿って折りたたむ
6 全て一緒に折る
7 上側を開いて左右をつぶして折る

子どもも参加！ アレンジ案

傘

01 カップやペットボトルのかさ

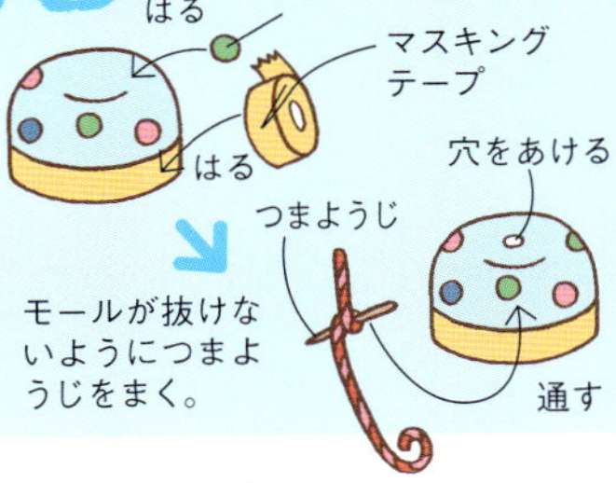

02 コーヒーフィルターの傘

6月

型紙
P137

どうぶつたちのゴシゴシ歯みがき

大きな口を開けて歯を磨き、バイキンをやっつけましょう。紙粘土とストローを使って歯ブラシを作っています。

製作 ▶スピカ

素材 色画用紙　綿　紙粘土　ストロー　割り箸　マスキングテープ

作り方ポイント

歯ブラシ

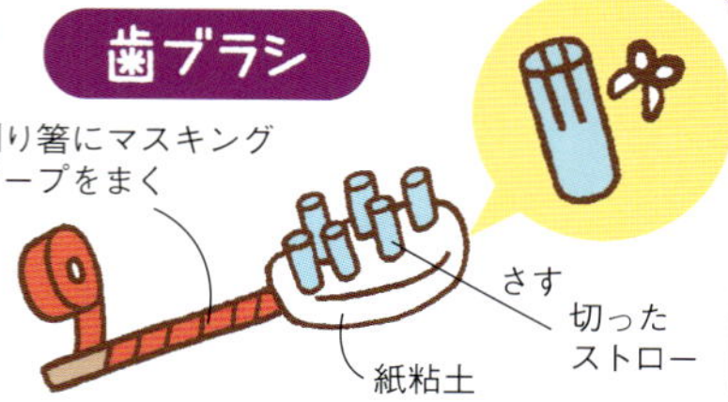

切ったストローを紙粘土につけて、大きくて立体的な歯ブラシを作ってみよう。

素材ポイント

歯磨き粉

歯磨き粉に部分的に綿をはる。

泡

バイキンをやっつける泡を、綿に。

6月

型紙 P138

おはなし カエルの王子

泉に金のまりを落としてしまったお姫さま。そこにやってきたカエルさん…。どんなおはなしがはじまるのでしょう。グリム童話『カエルの王子』をイメージして作りました。

製作 ▶ とりうみゆき

素材 色画用紙　折り紙　キラキラ折り紙　すずらんテープ

作り方ポイント

子どもも参加！

カエル

［折り紙で折ったカエルに顔を描いてみよう］

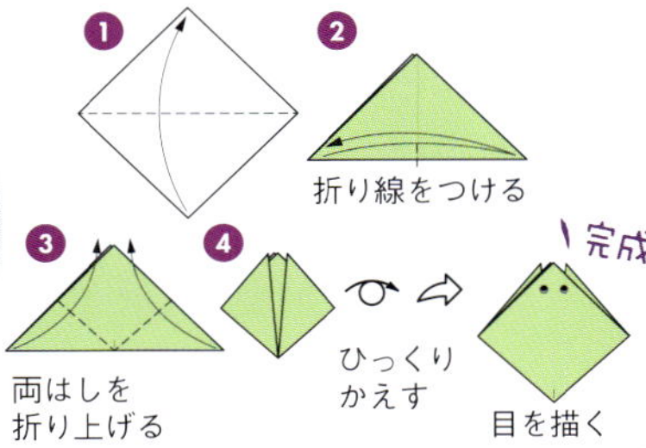
❶
❷
折り線をつける
❸
両はしを
折り上げる
❹
ひっくり
かえす
完成
目を描く

素材ポイント

泉

色画用紙に水色のすずらんテープをはってみよう。

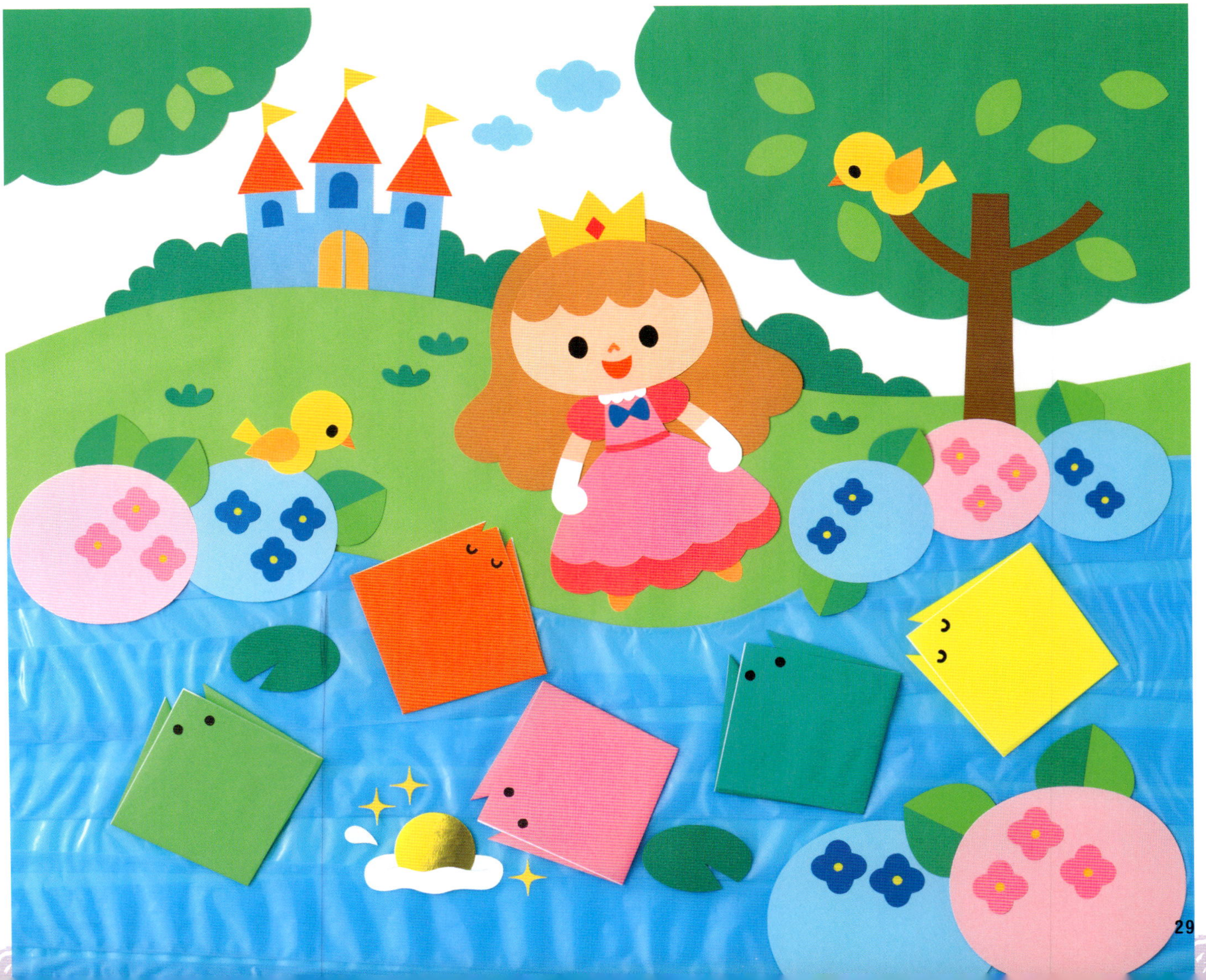

6月

型紙
P139

うた あめふりくまのこ

お山にふった雨が川になって流れてきました。かわいいくまさんは、雨の日も楽しく過ごしていますね。うた『あめふりくまのこ』をイメージして作りました。

イラスト ▶ おおきひろみ
製作 ▶ むなかたあすか

素材 色画用紙　ハニカムシート　不織布
バラン　すずらんテープ　紙粘土　ビーズ　ゴムひも

作り方ポイント　子どもも参加！

あじさい

ハニカムシートを使って立体的なあじさいを作ってみよう。

あじさいのガクを描いた画用紙に指スタンプで色をつけ、乾いたら切る。

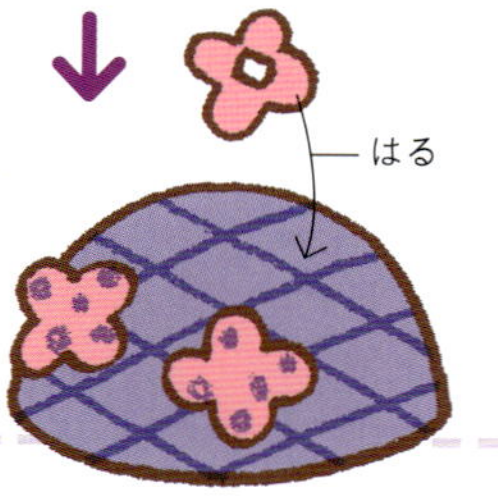

丸形に切り抜いて開いたハニカムシートに、ガクをはる。

しずく

紙粘土に絵の具を混ぜて、マーブル模様のしずくを作ってみよう。

紙粘土に絵の具を混ぜる。

しずくの形を作る。乾く前にひも通しの穴をあけておく。

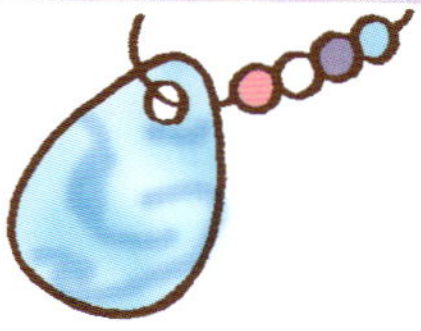

乾いたらビーズと一緒にゴムひもを通して飾る。

素材ポイント

草むら

普段はお弁当に入れるバランを使ってみよう。

川と水しぶき

川は不織布で、水しぶきはすずらんテープを使って。

6月

型紙 P139

カエルくんの待ち合わせ in 時計台前

大きな時計台の前でカエルのお友だちが待ち合わせ。時計のようなお花は紙コップを使って子どもたちと作ってみましょう。

イラスト ▶ 蔦澤あや子
製作 ▶ Kao

素材 色画用紙　キッチン保護シート（レンガ模様）　段ボール　紙コップ　丸シール　割りピン

時計の針は動かせるよ！

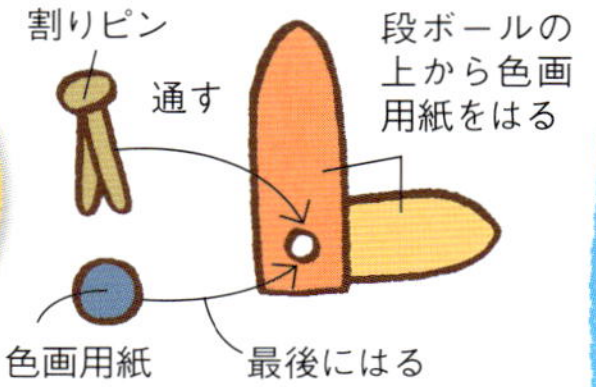
割りピン
通す
段ボールの上から色画用紙をはる
色画用紙
最後にはる

作り方ポイント

子どもも参加！

時計のお花

［紙コップを切って開き花時計を作ろう］

数字シールをはり、中央に割りピンを通し、時計のお花を作ってみよう。

紙コップに切りこみを入れて開く。

色えんぴつで模様を描く。

画用紙
割りピン

数字をあらかじめ書いてシールをはる。最後に大人が中央に画用紙と割りピンを差しこみ、開く。

6月

型紙 P140

UFOがやってきた?!

夜空を見ていたら空を飛びまわる謎ののりものを発見！透明のカップを使うとすてきなUFOが作れます。

製作 ▶ スピカ

素材 色画用紙　片段ボール　キラキラテープ　キラキラ折り紙　透明カップ（ゼリーやプリンの空容器）

作り方ポイント

子どもも参加！

UFO

透明カップを使って作ってみよう。

UFOの土台に画用紙で作った宇宙人やキラキラ折り紙をはる。

透明のカップをボンドではる。

星

三角の形を組み合わせて星を作ってみよう。

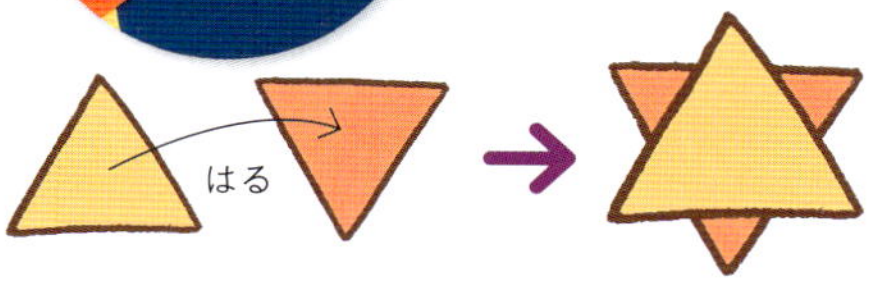

7月

型紙
P140

輝く天の川の七夕会

輝く天の川をバックに、笹の葉を飾ってお願いごとをしてみましょう。折り紙やモールもキラキラの素材を使ってみましょう。

イラスト ▶ 高橋美紀
製作 ▶ 佐藤茉耶

素材 色画用紙　片段ボール　折り紙　キラキラ折り紙　千代紙　オーロラシート　キラキラモール

作り方ポイント　子どもも参加！

短冊

色画用紙に水で溶いた絵の具をたらし、ストローなどで息を吹きかけ、模様を作ってみよう。

けーきやさんに
なれますように

あみかざり

折り紙を使ってあみかざりを作ってみよう。

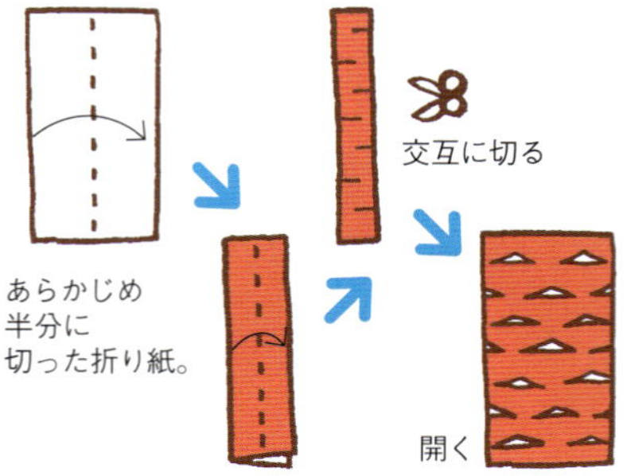
あらかじめ
半分に
切った折り紙。
交互に切る
開く

さんかくあみかざり

三角のあみかざりを作ってみよう。

交互に切る
開く

素材ポイント

天の川

オーロラシートと
キラキラ折り紙の
お星さま。

笹の葉

キラキラのモール
を葉っぱの
茎に使って。

笹の幹

笹の幹に
片段ボールを
使って。

7月

型紙 P141
型紙 P141

キラキラロケットで宇宙さんぽ

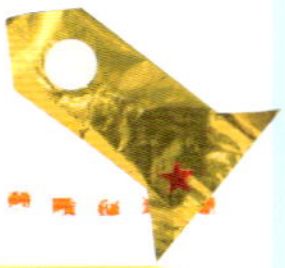

夜空に打ち上げられたロケットはどこに向かっているのかな？折り紙で折ったロケットに丸シールや星シールを貼ってもすてきです。

イラスト ▶ 蔦澤あや子
製作 ▶ Kao

素材 色画用紙　折り紙　キラキラ折り紙　丸シール　星シール

作り方ポイント

子どもも参加！

ロケット

キラキラの折り紙を使ってロケットを折ってみよう。

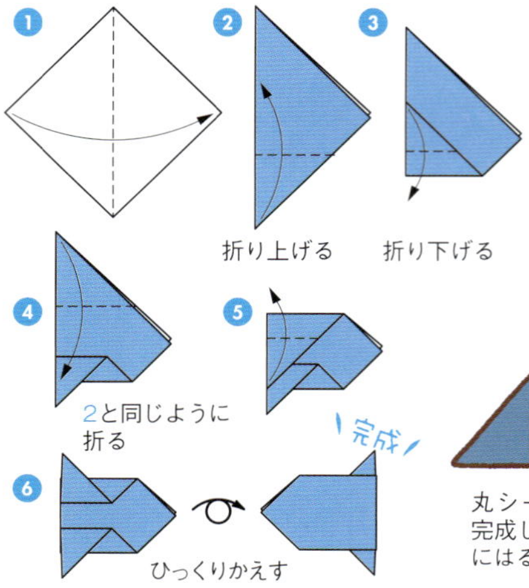
1
2
3
折り上げる
折り下げる
4
5
2と同じように
折る
完成
6
ひっくりかえす

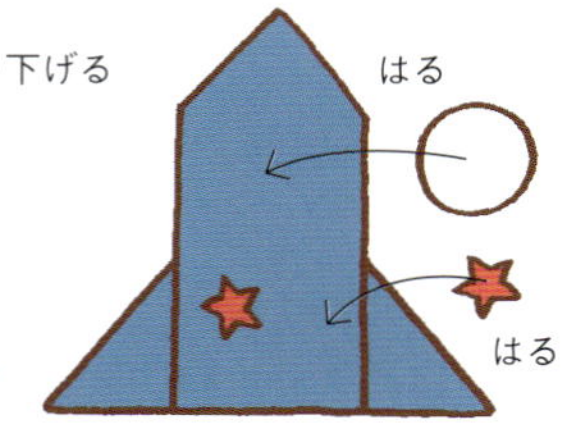
はる
はる

丸シールや星シールを完成した折り紙ロケットにはるとカッコイイ！

7月 うた うみ

型紙 P141

大きな広い海には、船やヨット、イルカにクジラもいますね。ひも通しヨットは子どもたちと一緒に作ってみましょう。うた『うみ』をイメージして作りました。

イラスト ▶ 高橋美紀
製作 ▶ Ayan＊

素材 色画用紙　キルト芯　プチプチシート　発泡トレイ　段ボール　ポリ袋　マスキングテープ　ひも　キラキラひも　毛糸　すずらんテープ

作り方ポイント

子どもも参加！

ヨット

発泡トレイに穴をあけ、ひもを通してみよう。マスキングテープで飾ってもおしゃれになります。

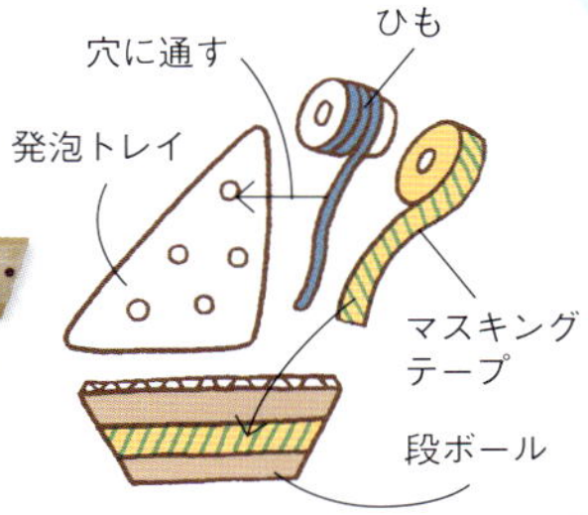

素材ポイント

海と水しぶき

海は色画用紙の上に透明のポリ袋をかぶせて、波しぶきは色画用紙の上にプチプチシートをはって。毛糸で穏やかな波も表現。

入道雲

キルト芯を使って作ってみよう。

7月

型紙 P142

カラフル綿あめ夏まつり

いろいろな色の毛糸で作ったカラフルな綿あめが、夏まつりをいろどります。袋の模様を子どもたちがシールをはったり、絵を描いたりしても楽しいですね。

製作 ▶ おおしだいちこ

素材 色画用紙　キラキラ折り紙　透明な袋　丸シール　リボン　モール　毛糸　綿

子どもも参加！

作り方ポイント

綿あめ

カラフルな毛糸を透明な袋に入れ、綿あめ作り。丸シールやキラキラ折り紙をはると、よりかわいくなります。

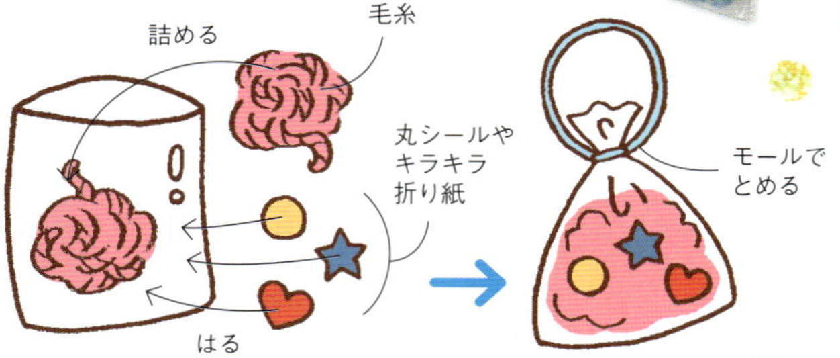

子どもも参加！

アレンジ案

綿あめ

01 プチプチ綿あめ

透明の袋に油性ペンで絵や模様を描き、中にプチプチシートを詰める。

02 白い綿あめ

透明の袋に油性ペンで絵や模様を描き、中に白い綿を詰める。

03 色や柄のある袋

色や柄があらかじめ入っている袋に油性ペンで絵や模様を描き、中に綿を詰める。

素材ポイント

ちょうちんまわりの背景

ちょうちんまわりの背景にキラキラ折り紙やリボンを使って飾ってみましょう。華やかな雰囲気が増します。

7月 みんなで踊ろう夏まつり

型紙 P142

やぐらの上の太鼓のリズムに合わせて、みんなで踊るどうぶつたち。黄色のちょうちんをたくさん飾ると、活気のあるおまつりの雰囲気が出ます。

製作 ▶ 町田里美

素材 色画用紙　千代紙　新聞紙　お花紙　カラーテープ　ひも

作り方ポイント

ちょうちん

色画用紙で作ったちょうちんの土台に、長方形に切った色画用紙をまいてはります。

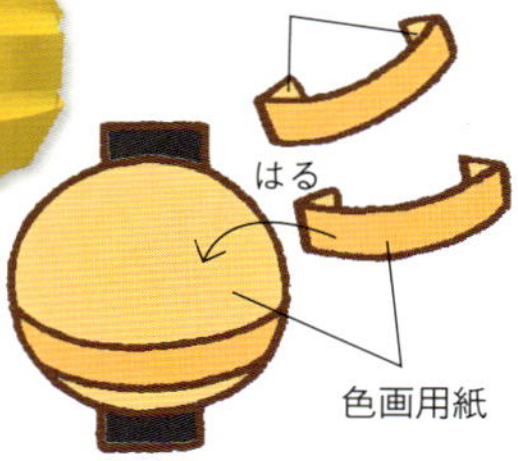

両はしを折る
はる
色画用紙

子どもも参加！ アレンジ案

ちょうちん

★マーブリングちょうちんを作ってみよう。

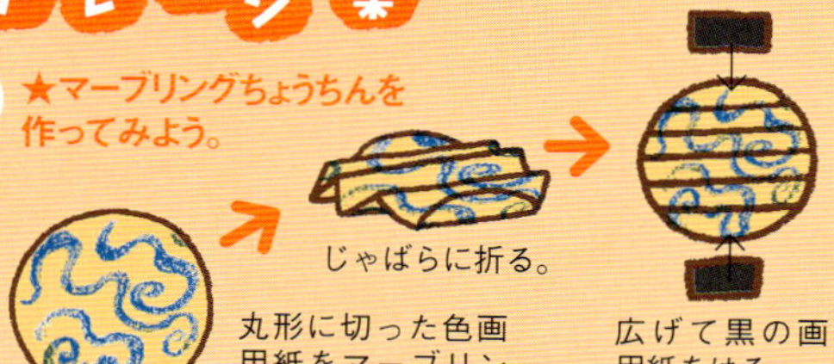

丸形に切った色画用紙をマーブリングで染める。
じゃばらに折る。
広げて黒の画用紙をはる。

型紙 P143

おばけのかけっこ

おばけたちのかけっこに巻き込まれたクロネコさん。逃げていたら１等賞に！？ちょっと怖いと思っていたおばけも、かわいく作れば子どもたちの人気者に。

製作 ▶ 阪本あやこ

素材 色画用紙　厚紙　カラーポリ袋　セロハン　お花紙

作り方ポイント

かさおばけ

じゃばら折りで立体的なおばけを作ってみよう。

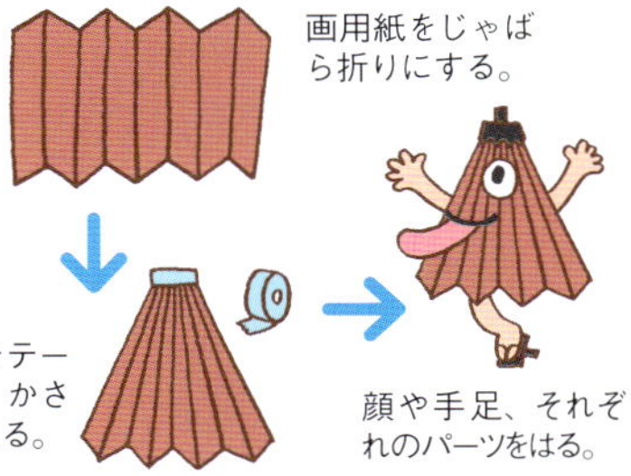

画用紙をじゃばら折りにする。

一方の先をテープでとめ、かさの形に整える。

顔や手足、それぞれのパーツをはる。

ゆうれい

ゆうれいの形の土台を厚紙で作り、その上に綿をのせ、白のポリ袋でまいてはる。

ちょうちんおばけ

じゃばら折りにして立体的に。

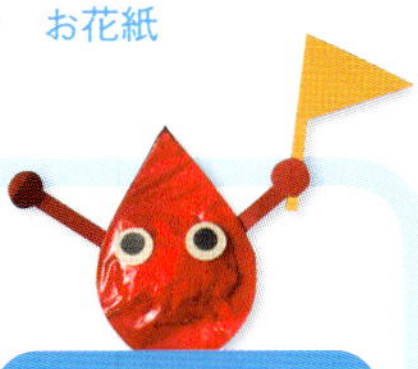

火の玉おばけ

火の玉の形の土台を厚紙で作り、その上にお花紙をのせ、赤のセロハンでまいてはる。

8月

型紙
P143

型紙 P143

元気いっぱい ひまわり畑

太陽のような大きなひまわりが、元気いっぱいな壁面です。くじら雲の親子も青空をおさんぽ。ひまわりの中央ははじき絵にして作りました。

イラスト ▶ 高橋美紀/スピカ
製作 ▶ スピカ

素材 色画用紙　丸シール

作り方ポイント

子どもも参加！

ひまわり

[はじき絵や花びらの重ねばりで作ってみよう]

クレヨンで中央に線を描き、水で溶いた絵の具をその上からぬる。

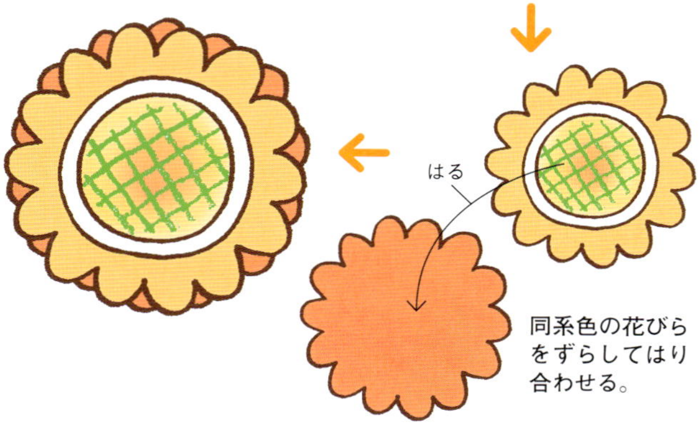

同系色の花びらをずらしてはり合わせる。

洋服

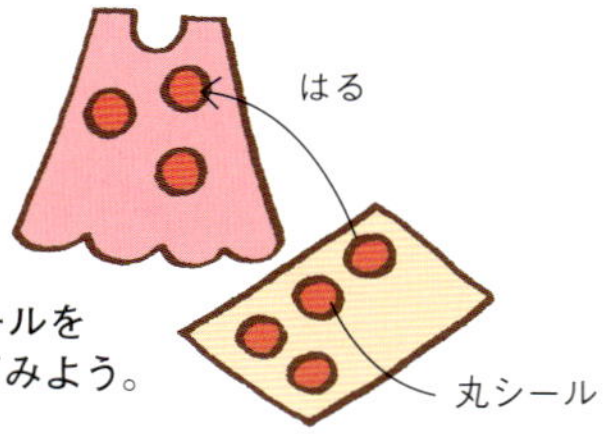

模様を丸シールを使ってはってみよう。

葉っぱ

半分に折り、立体的にしてみよう。

くじら雲親子

雲をくじらの親子にして、楽しさアップ！

8月

型紙
P144

キラキラ輝く花火大会

夜空に打ち上げられた花火は、夏の風物詩。アルミホイル、プチプチシートの重ねばりで、キラキラで立体感のあるすてきな花火を作ることができます。

製作 ▶ とりうみゆき

素材　色画用紙　折り紙　キラキラ折り紙　厚紙　アルミ箔《はく》
プチプチシート　丸シール　モール

作り方ポイント

花火

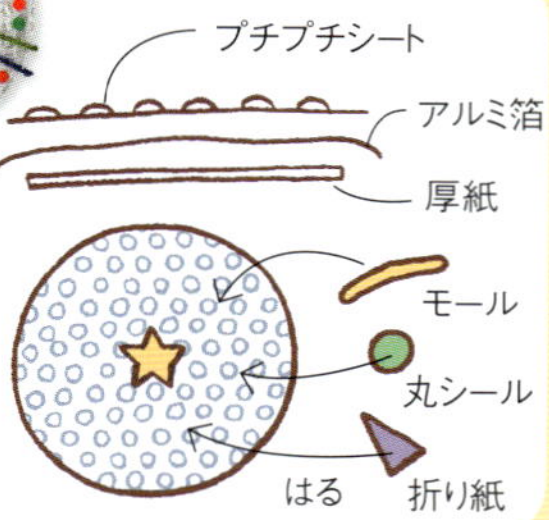

花火の土台に、アルミ箔とプチプチシートを使ってみよう。模様はキラキラの折り紙やモール、丸シールをはり華やかに。

子どもも参加！ アレンジ案

花火

★花火をデカルコマニーで作ってみよう。

丸い形に切った画用紙の半分に絵の具で模様を描く。

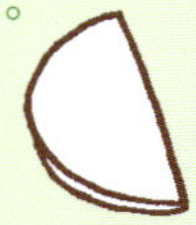

半分に折って、模様を写す。

開く。

8月

型紙 P144

おはなし うらしまたろう

助けたカメに連れられて、うらしまたろうは竜宮城へ。カメはキラキラの折り紙を使ってワンポイントに。『うらしまたろう』のおはなしをイメージして作りました。

イラスト ▶ わたなべふみ
製作 ▶ Kao

素材 色画用紙　キラキラ折り紙　ひも

作り方ポイント

カメ

キラキラの折り紙を使ってカメを光らせよう。

子どもも参加！ アレンジ案

うみのいきもの

★子どもが描いた絵を壁面に飾ろう。

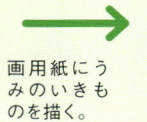

画用紙にうみのいきものを描く。

背景に飾る。

型紙 P145

夏の虫さん大集合

木の蜜に集まる昆虫たち。虫好きの子どもがきっと大喜び！　蜜部分はマグネットシートで作り、昆虫のお腹に磁石をはると、動かして楽しむことができる壁面にもなります。

製作 ▶ 内山カナコ

素材　色画用紙　マグネットシート　片段ボール　磁石　果物ネット　クリアファイル　モール

作り方ポイント

動く昆虫

磁石とマグネットシートで動く！遊べる！昆虫に。

白の丸シールにマジックで目を描く
片段ボール
重ねてはる
両面テープ
はる
厚紙
色画用紙
磁石をテープでとめる

動かしてあそべるよ！

木の蜜の形にマグネットシートを切り抜いてはる。

昆虫を好きな場所に動かしてあそぶ。

素材ポイント

虫とりあみ

果物ネットで
本物っぽく！

虫かご

クリアファイル
を上からはると
本物の虫かごみ
たい！

8月

型紙 P146

夏やさいをいただきまーす!

太陽の恵みを受け、立派に育ったやさいたちの集合です。ゴーヤは子どもたちとたんぽ筆で作り、にぎやかな壁面を作りましょう。

イラスト ▶ 小泉直子
製作 ▶ Kao

素材　色画用紙　段ボール
片段ボール　ひも

子どもも参加!

作り方ポイント

ゴーヤ

たんぽ筆で色をぬり、乾いたら顔を描く。

低年齢児にも!

野菜おけ

長方形の段ボールをはり合わせて、野菜おけにする。

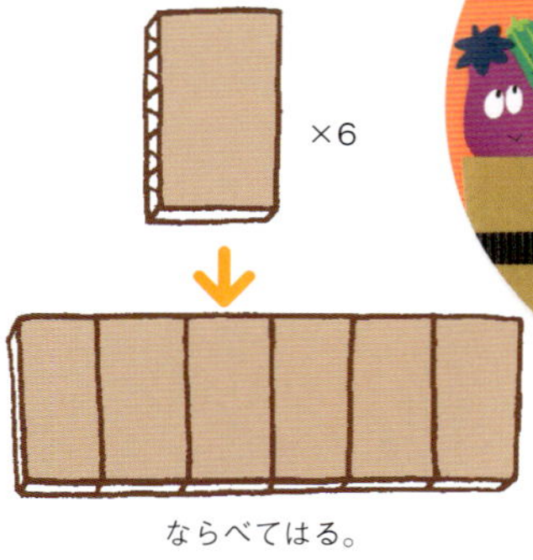

9月

型紙 P147

うさぎさんたちのお月見会

きれいなお月さまにおいしそうなお団子。秋のお月見会にうさぎさんたちも、とっても楽しそう。ススキやおだんごを立体的にしてみましょう。

製作 ▶ スピカ

素材 色画用紙　キラキラの包装紙　キルト芯　麻ひも

作り方ポイント

おだんご

キルト芯を切って重ねて厚みを出そう。ふかふかでおいしそうなおだんごになります。

重ねて厚みを出してはる。

すすき

麻ひもを使ってリアルなすすきに！

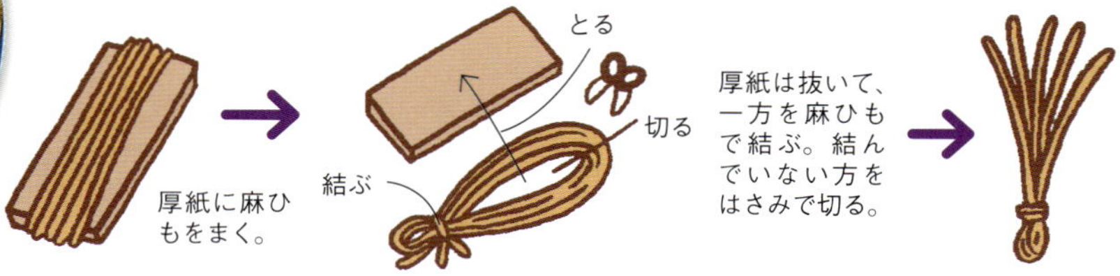

厚紙に麻ひもをまく。

厚紙は抜いて、一方を麻ひもで結ぶ。結んでいない方をはさみで切る。

お月さま

キラキラの素材の紙でお月さまを作ってみよう。全体が明るくなります。

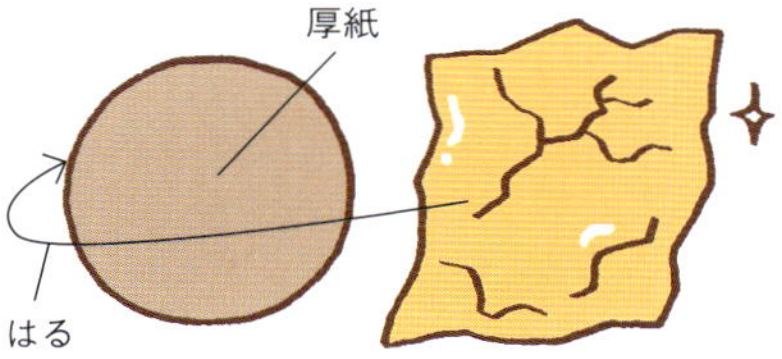

キラキラ折り紙（本書ではキラキラの包装紙を使用）を厚紙にまいてはる。

9月

型紙 P147

いろいろな顔のコスモス畑

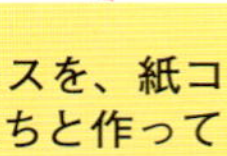

可憐な秋の花コスモスを、紙コップを使って子どもたちと作ってみましょう。丸シールで表情をつけて、個性を出すととってもかわいい。

イラスト ▶ わたなべふみ
製作 ▶ ひぃ

素材 色画用紙　折り紙　紙コップ　丸シール　モール

作り方ポイント　子どもも参加！

コスモス

紙コップを使って立体的なコスモスを作ろう。

紙コップに絵の具で色をぬる。

乾いたら切りこみを入れて開く。

花びらの先はピンキングばさみで切る。中央部分はくしゃくしゃにした折り紙をはり、顔は丸シールをはる。

子どもも参加！ アレンジ案

コスモス

★折り紙の花びらを組み合わせて、コスモスを作ろう。

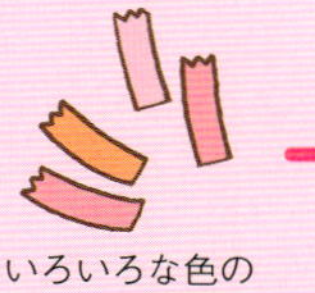

いろいろな色の花びらを作っておく。

好きな色の花びらを組み合わせて中央に丸シールをはる。

9月

型紙 P148

くだものいっぱい 実りの秋

食欲の秋にはおいしいくだものがたくさんあって嬉しいですね。組み紙で、子どもたちとブドウやカキを作ってみましょう。どんぐりやくりの手足にモールを使うと動きが出ます。

イラスト ▶ 高橋美紀
製作 ▶ Ayan＊

素材 色画用紙　モール

作り方ポイント

子どもも参加！

くだもの 組み紙でくだものの模様をつけてみよう。

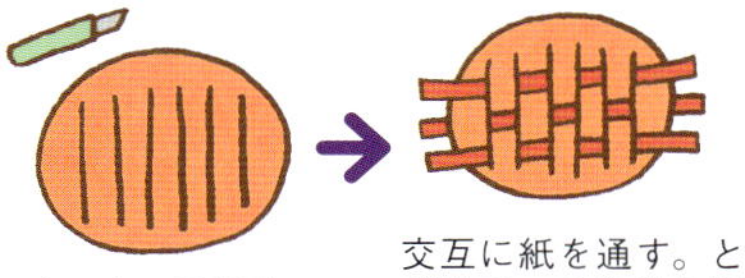

カッターで切りこみを入れる。

交互に紙を通す。とび出ている余分な紙は最後に切る。

子どもも参加！ アレンジ案

ぶどう ★ビニール袋に折り紙を入れて作ってみよう。

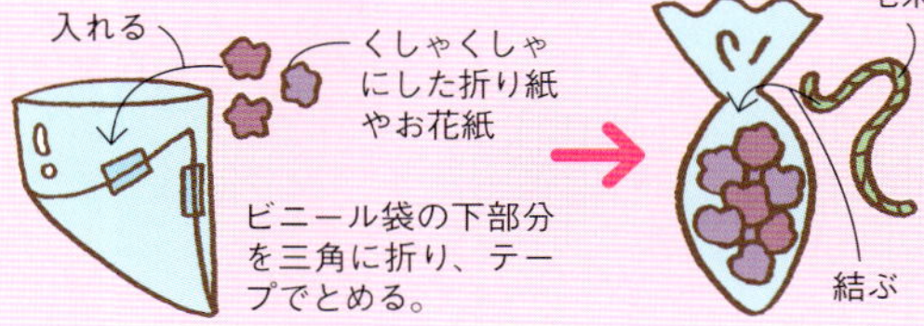

ビニール袋の下部分を三角に折り、テープでとめる。

9月

型紙 P148

おはなし

ブレーメンの音楽隊

ゆかいな音楽隊はどろぼう退治だってできちゃいます。影おばけは発泡シートを使っています。グリム童話『ブレーメンの音楽隊』をイメージして作りました。

製作 ▶ スピカ

素材 色画用紙　発泡シート

作り方ポイント

影のおばけ

少しだけ透明感が出る発泡シートを使って、おばけを作ってみよう。

おばけの形に切り抜く。

開くとびら

お家のとびらを開け閉めのできるしかけを作ってみましょう。

9月

型紙
P149

うた むしのこえ

虫の音楽隊の音色が聞こえてきそうな壁面です。どんな音色がきこえてくるか子どもたちと耳をすませてみましょう。うた『虫の声』をイメージして作りました。

イラスト ▶ おおきひろみ
製作 ▶ ひぃ

素材 色画用紙　キラキラ折り紙　モール
麻ひも　綿　プラスチックケース

作り方ポイント

子どもも参加！

すずむし

羽をプラスチックケースを使って作ってみよう。子どもが自由に模様を描くといきいきしたすずむしになります。

プラスチックケースに油性ペンで模様を描いて羽の形を切る。

子どもも参加！ アレンジ案

すずむしの羽

羽の形に切った厚紙に和紙をちぎってはる。

9月

型紙
P149

大人気のはたらくくるま。このくるまは何をするくるまかな？子どもとおはなしをしながら楽しむのもいいですね。うた『はたらくくるま』をイメージして作りました。

製作 ▶ おおしだいちこ

うた はたらくくるま

素材 色画用紙

子どもも参加！ アレンジ案

★動くくるま！

ストロー
竹ぐし
色画用紙を貼った牛乳パック
はる

はたらくくるま

タイヤはまいた段ボールを使う。

★ぬり絵

コピーをした型紙に子どもが色をぬる。

10月

型紙
P150

お芋掘り大会

つなひき大会のような、お芋掘りのいきいきした姿の壁面です。緑のモールをつなげた長いつたの先に、本物そっくりの大きなお芋を作ってつなげてみましょう。

イラスト ▶ 蔦澤あや子
製作 ▶ むなかたあすか

素材 色画用紙　クラフト紙　クレープ紙　包装紙　厚紙　モール　丸シール　綿　新聞紙

作り方ポイント

お芋

［クレープ紙でお芋を作ってみよう］

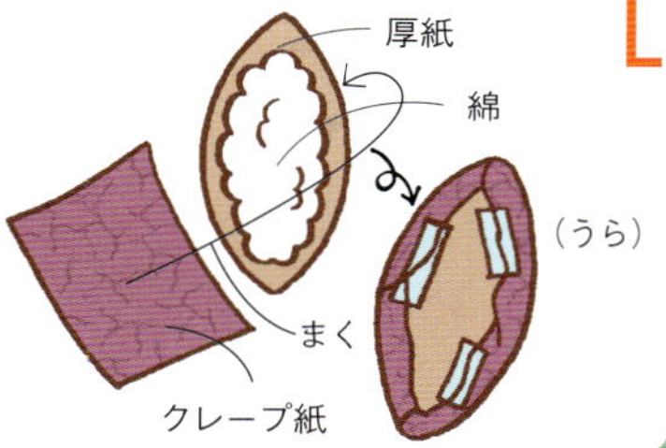

厚紙の上に綿をのせ、クレープ紙をまいてはる。お芋の目や口は、丸シールをはる。

土

［大きなクラフト紙を土に見立てて］

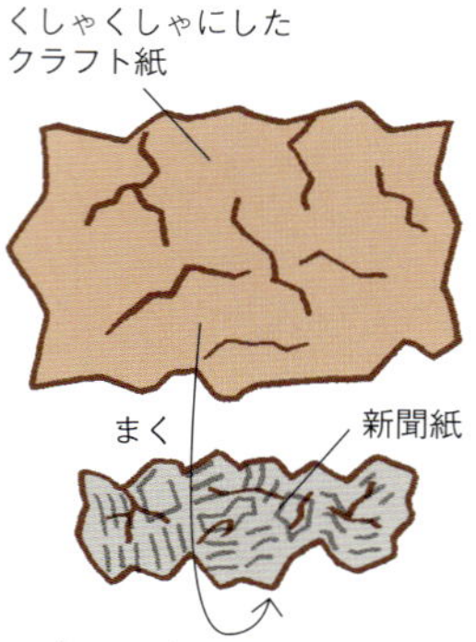

くしゃくしゃにしたクラフト紙の中に新聞紙を詰めて、厚みを出す。

10月

型紙 P150

がんばれ！ がんばれ！ 運動会

運動会の期待が高まりそうな、にぎやかで楽しい雰囲気いっぱいの壁面です。子どもたちの描いた絵をはり、アレンジしても楽しいですよ。

製作 ▶ つかさみほ（マーブルプランニング）

素材　色画用紙　キラキラ折り紙　クラフト紙　ひも

作り方ポイント

白線

白のペンや絵の具で白線を描いたクラフト紙をくしゃくしゃにして、運動場を作ってみよう。

旗

折り紙をひもにはさんで作ってみよう。

子どもも参加！ アレンジ案

子どもの絵

★走る子どもの絵をはる

子どもが自分の運動会の姿をイメージしながら絵を描き、それをはってもいいですね。

10月

型紙
P151

うた どんぐりころころ

いろいろな表情のどんぐりぼうやがかわいい壁面。子どもたちと一緒にどんぐりを折ってみましょう。うた『どんぐりころころ』をイメージして作りました。

製作 ▶ とりうみゆき

素材 色画用紙　折り紙

作り方ポイント

子どもも参加！

どんぐり

[折り紙でどんぐりを折ってみよう]

どんぐりの顔は子どもが描くと、いろいろな表情が出てかわいい！

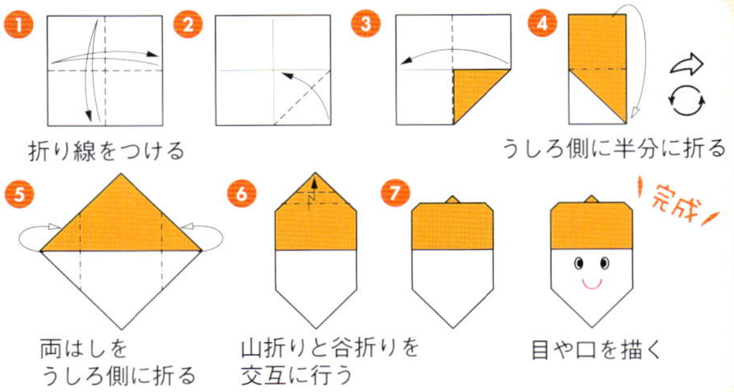
1
折り線をつける
2
3
4
うしろ側に半分に折る
5
両はしをうしろ側に折る
6
山折りと谷折りを交互に行う
7
完成！
目や口を描く

10月

型紙
P151

ハロウィンの夜に こんばんは

ハロウィンの夜に現れたカボチャのおばけや、かわいい魔女。カボチャのおばけは、子どもたちと一緒に作って個性を出してもすてきです。

製作 ▶ 内山カナコ

素材 色画用紙　キラキラ折り紙　毛糸

作り方ポイント

子どもも参加！

かぼちゃのおばけ

［ たんぽ筆を使って かぼちゃに色をぬる ］

低年齢児にも！

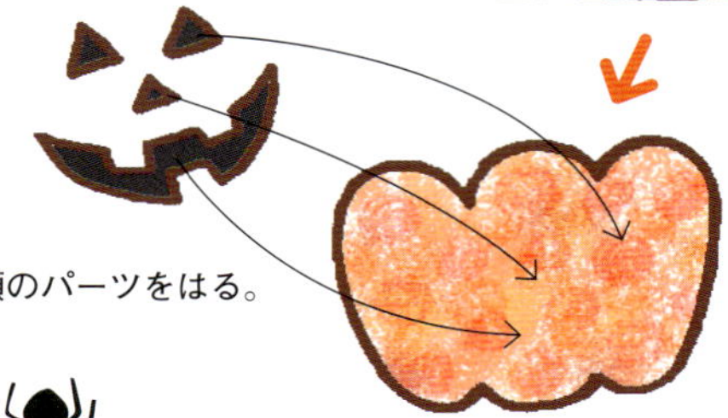

顔のパーツをはる。

顔のパーツを少し変えれば いろいろな表情の かぼちゃおばけになるよ！

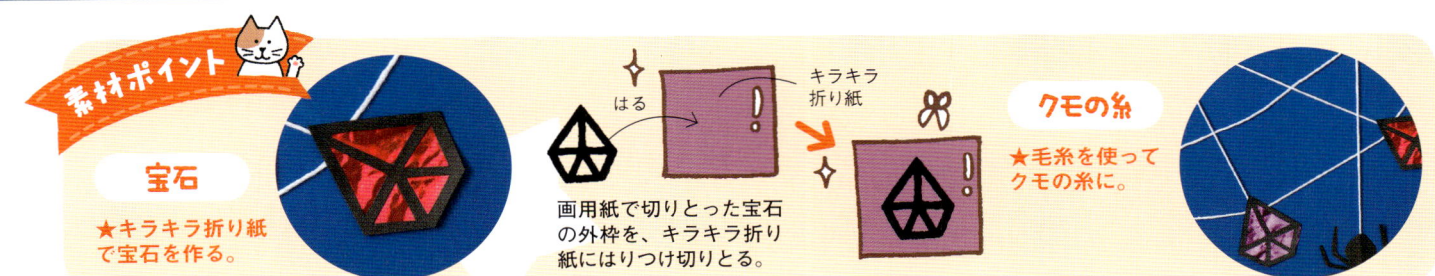

素材ポイント

宝石

★キラキラ折り紙で宝石を作る。

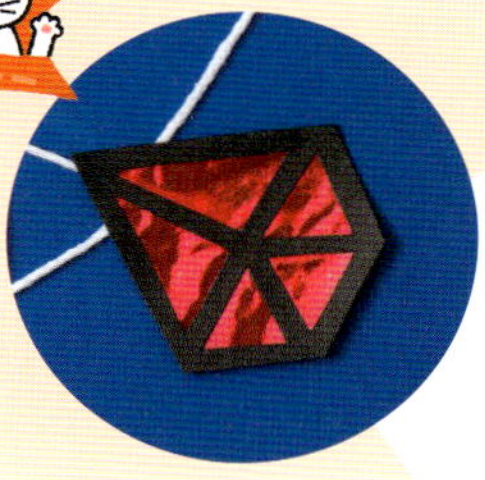

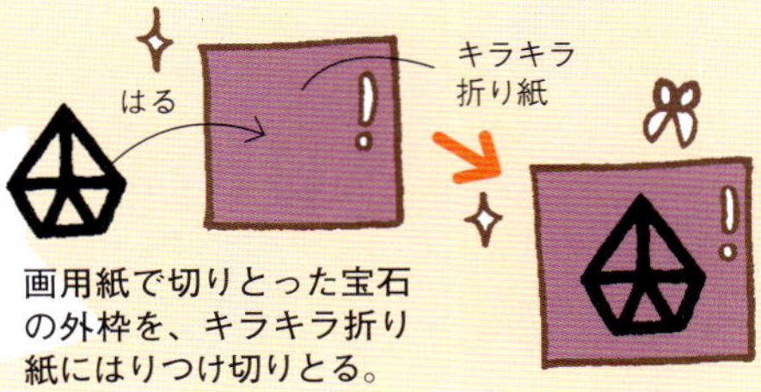

画用紙で切りとった宝石の外枠を、キラキラ折り紙にはりつけ切りとる。

クモの糸

★毛糸を使ってクモの糸に。

10月

型紙
P152

どうぶつたちも 読書の秋

森の切り株で読書を楽しむどうぶつたち。本の出し入れができるポケットから好きな本を選べます。本物の葉っぱを子どもたちと拾って飾っても楽しいですね。

製作 ▶ スピカ

素材 色画用紙　片段ボール　落ち葉

作り方ポイント

子どもも参加！

葉っぱ

本物の葉っぱを子どもたちと拾い、はってみよう。

本入れポケット

本の出し入れができるポケットを作ってみよう。

子どもも参加！ アレンジ案

本の表紙

★子どもが描いた絵を本の表紙にはってみよう

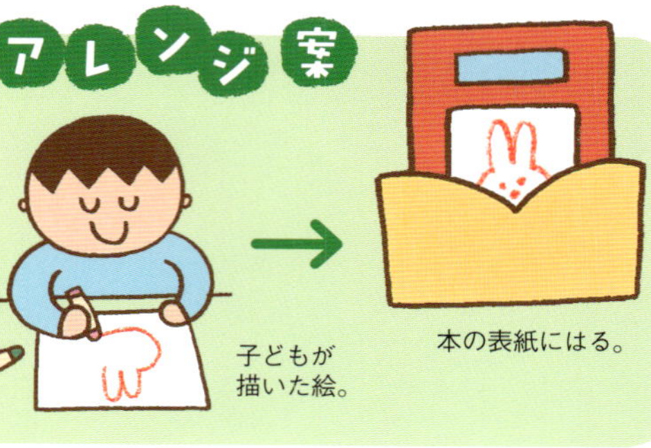
子どもが
描いた絵。
本の表紙にはる。

10月

型紙
P152

おはなし さるかにがっせん

いろいろな色の実がなった大きな柿の木。ひとり占めしようとするサルさんを子どもたちはどう思うでしょう。『さるかにがっせん』のおはなしをイメージして作りました。

製作 ▶ 阪本あやこ

素材 色画用紙 折り紙

作り方ポイント

子どもも参加！

柿

［折り紙で 柿を折ってみよう］

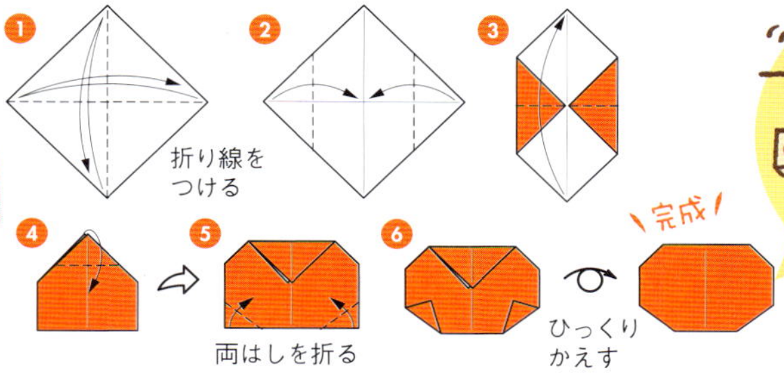
1
2
3
折り線をつける
4
5
6
両はしを折る
ひっくりかえす
完成

はる

柿の葉の部分は指スタンプで作ってみよう。

11月

型紙 P153

どうぶつたちの紅葉狩り

色づいたきれいな葉っぱに大喜びのどうぶつたち。葉っぱははじき絵にして、子どもたちと一緒に作っても楽しいですね。アレンジもたくさんできます。

製作 ▶ おおしだいちこ

素材 色画用紙

作り方ポイント

子どもも参加！

紅葉

［はじき絵で色とりどりの紅葉を作ろう］

クレヨンで葉脈を描く。

上から水で溶いた絵の具をぬる。

子どもも参加！ アレンジ案

紅葉

01 はり絵

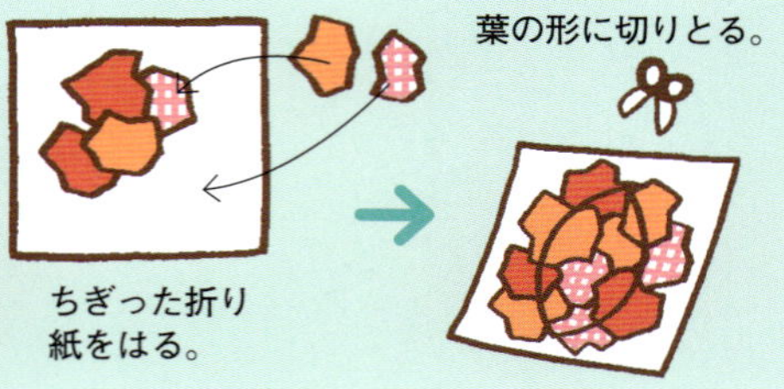
ちぎった折り紙をはる。
葉の形に切りとる。

02 染め紙

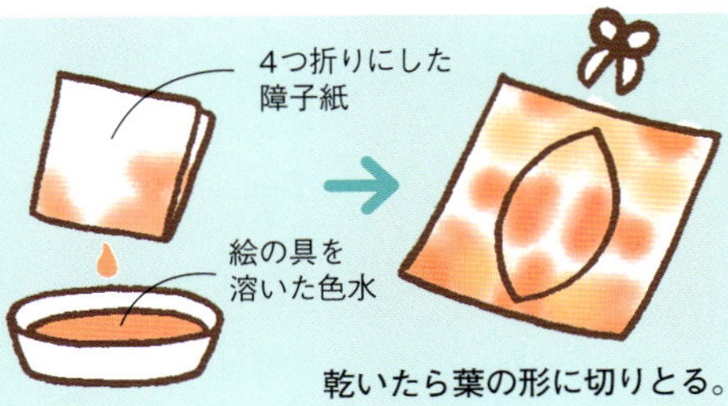
4つ折りにした
障子紙
絵の具を
溶いた色水

乾いたら葉の形に切りとる。

03 たんぽ筆で色づけ

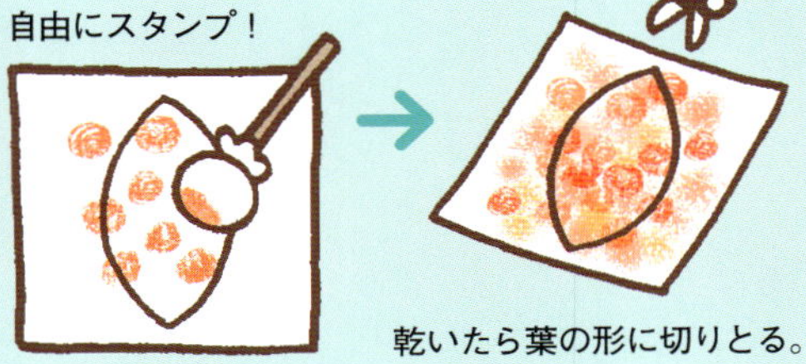
自由にスタンプ！

乾いたら葉の形に切りとる。

11月

型紙
P153

型紙 P153

おはなし アリとキリギリス

冬にそなえて食べ物を運ぶアリさんと、そんなことはおかまいなしに音楽を楽しむキリギリス。イソップ寓話『アリとキリギリス』をイメージして作りました。

イラスト ▶ 高橋美紀
製作 ▶ kuilima

素材 色画用紙　片段ボール　綿　モール

作り方ポイント

音符 [音符の丸部分を立体的に作ってみよう]

細長く切った色画用紙を竹串にまく。

うずまき形に作った円形を音符の丸部分にボンドではる。

素材ポイント

触角や手足はモールで立体感を！

アリ

キリギリス

11月

型紙 P154

へんしん！おしゃれみのむし！

よーく見てみるといろいろなどうぶつたちがみのむしに変身していました。これにはタヌキもキツネもびっくり！葉っぱはこすり出しをしたものをはっています。

イラスト ▶ 小泉直子
製作 ▶ むなかたあすか

素材 色画用紙　段ボール　トイレットペーパーの芯　ストロー　フェルト　セロハン　モール　片段ボール

子どもも参加！

作り方ポイント

紅葉

［葉っぱのこすりだし（フロッタージュ）を飾ろう］

落ち葉を紙の下にしき、色鉛筆で葉っぱの模様を写す。

素材ポイント

あらかじめ切ったりちぎったりして用意したそれぞれの素材をはる。

みのむし

11月

型紙 P154

うた

ふしぎなポケット

ポケットの中からビスケットが飛び出す、ふしぎで嬉しいポケット。まいたモールを使えば飛び出すしかけができます。うた『ふしぎなポケット』をイメージして作りました。

製作 ▶ 町田里美

素材 色画用紙　不織布　布　キラキラ折り紙　キラキラモール

作り方ポイント

ビスケット

［モールを使って飛び出すビスケットを作ってみよう］

素材ポイント

洋服とポケット

洋服は不織布。
ポケット部分は布。

星

キラキラ折り紙。

子どもも参加！ アレンジ案

ビスケット

01 模様を描く

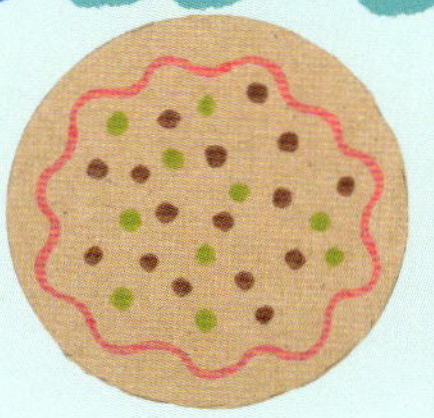

切りぬいた段ボールにマジックで好きな模様を描く。

02 ちぎった折り紙や組み紙をはる

切り抜いた段ボールにちぎった折り紙や組み紙をはる。

03 紙粘土にビーズを飾る

色つきの紙粘土にビーズを埋める。

ちとせあめ
七
五
三

11月

型紙
P155

すてきなあめ袋をもって 七五三

子どもの成長をお祝いする七五三の壁面です。ちとせあめ袋を子どもが好きな模様に切りばりしたものを作り、飾ってもいいですね。

製作 ▶ くるみれな（マーブルプランニング）

素材 色画用紙　折り紙　千代紙

作り方ポイント

子どもも参加！

ちとせあめ袋

色画用紙で袋を作り、和紙で模様をはろう。

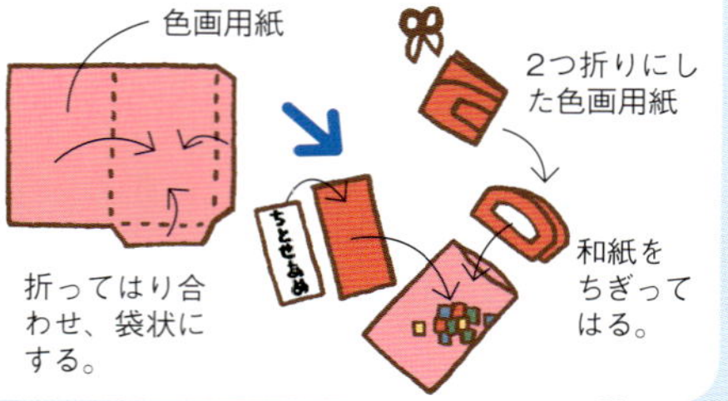

色画用紙
2つ折りにした色画用紙
折ってはり合わせ、袋状にする。
ちとせあめ
和紙をちぎってはる。

子どもも参加！

アレンジ案

ちとせあめ袋

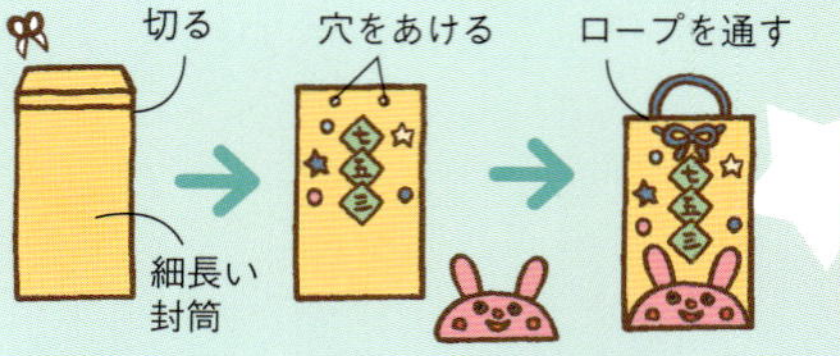

切る
細長い封筒
穴をあける
ロープを通す

七
五
三

封筒に丸シールやどうぶつモチーフをはって作ってみよう。

11月

型紙 P156

おいしそうだね りんご狩り

かごいっぱいに入ったりんごは、みずみずしくてとってもおいしそう。りんごは綿とカラーポリ袋を使って立体的に作っています。

イラスト ▶ 高橋美紀
製作 ▶ kuilima

素材 色画用紙　クラフト紙　カラーポリ袋　綿　モール　割り箸

作り方ポイント

りんご

カラーポリ袋に綿をふくませ、立体的なりんごを作ってみよう。

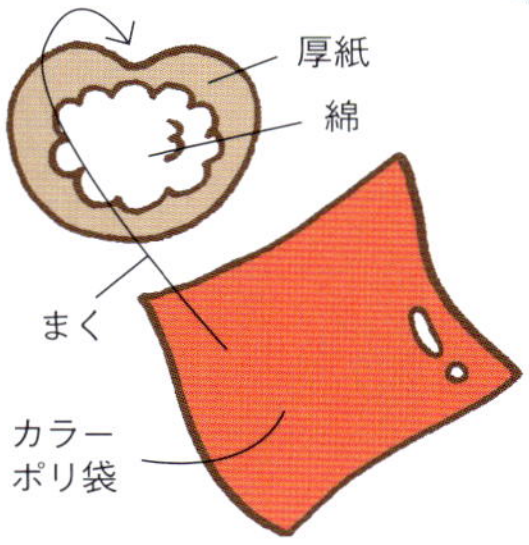

素材ポイント

はしご

割り箸を組み合わせる。

12月

型紙 P157

夜空を飛ぶよサンタそり

プレゼントをたくさん積んで、そりにのったサンタさんの姿に子どもたちもきっと大喜び！　プレゼントを子どもたちと作っても楽しい壁面になります。

製作 ▶ とりうみゆき

素材 色画用紙　片段ボール　お花紙

素材ポイント

雪

丸めたお花紙で立体的に。

ソリ

片段ボールと色画用紙を組み合わせて。

子どもも参加！ アレンジ案

プレゼント

01 はり絵

ちぎった折り紙をのりではる。

02 丸シール

大きさの違う丸シールをはる。

03 子どもの絵（開閉式）

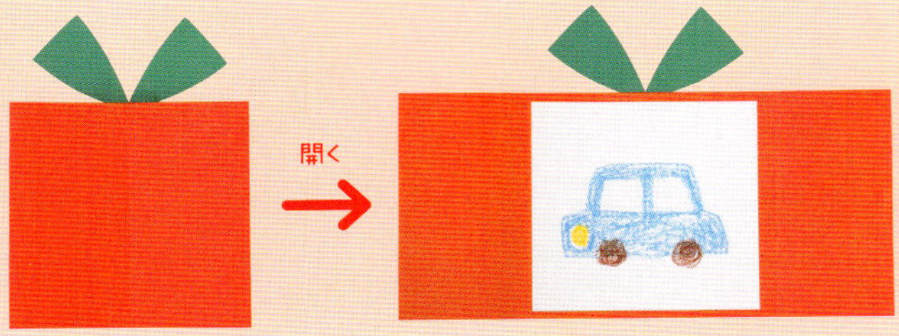

色画用紙の両端を折り、開閉式のプレゼントを作る。

子どもが描いた絵を、開閉式プレゼントの中にはる。

12月

型紙
P158

みんなで飾ろう大きなツリー

ツリーにオーナメントを飾る楽しい雰囲気が、伝わる壁面ですね。ハニカムシートで作った立体的なツリーがみんなの目をひきます。

製作 ▶ おおしだいちこ

作り方ポイント

ツリー

ハニカムシートでボリュームのあるツリーを作ろう。

子どもも参加！ アレンジ案

オーナメント

子どもが描いた自分の欲しいプレゼントを切りとり、オーナメントにしてツリーに飾る。

素材 色画用紙　キラキラ折り紙　ハニカムシート　キラキラテープ　ひも

12月

型紙 P159

リースにいっぱいプレゼント

いろいろな模様の包装紙で包まれたプレゼントをリースに飾った壁面です。子どもたちのクリスマスへの楽しみが、より増しそうですね。

イラスト ▶ 高橋美紀
製作 ▶ Kao

素材 色画用紙　キラキラ折り紙　フェルト　リボン　キラキラぼん天　綿

素材ポイント

リース飾り

ラメ入りのリボンに、キラキラぼん天を飾る。

子どもも参加！ アレンジ案

プレゼント

開く →

中に絵が描けるようにする。

12月

型紙
P160

おはなし かさじぞう

おじいさんとおばあさんの元に、おじぞうさんたちからたくさんの贈り物が届きました。『かさじぞう』のおはなしをイメージして作りました。

イラスト ▶ 高橋美紀/スピカ
製作 ▶ スピカ

素材 色画用紙　キラキラ折り紙
千代紙　ひも　綿

作り方ポイント

宝箱

[宝箱の中を開ける
しかけを作ろう]

開く

宝箱の中にも食べ物や小判などをはりつけよう。

子どもも参加！

アレンジ案

おじぞうさま

おじぞうさまの顔のパーツを子どもがはり、表情に個性を出そう。

素材ポイント

雪

ところどころに綿をはる。ふわふわの雪を表現してみよう。

12月

型紙
P161

つるつるすべる氷の世界

氷の世界に住んでいる、どうぶつたちの楽しそうな姿。動くしかけを作って、どうぶつたちを氷の上ですべらせてあそぶこともできます。

イラスト ▶ 高橋美紀
製作 ▶ むなかたあすか

素材　色画用紙　キラキラ折り紙　片段ボール　ひも　厚みのある緩衝材

作り方ポイント

すべるペンギン

片段ボールを組み合わせ、氷の上ですべるペンギンを作ってみよう。

動かす

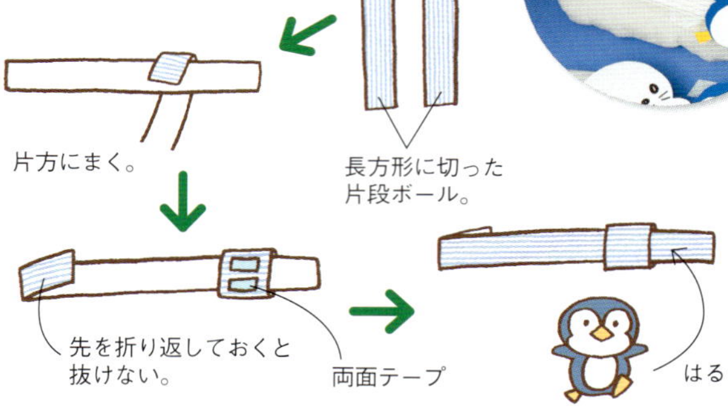
片方にまく。
長方形に切った
片段ボール。
先を折り返しておくと
抜けない。
両面テープ
はる

12月

型紙 P162

うた おもちゃのチャチャチャ

子どもたちが眠っている夜、おもちゃ箱からおもちゃたちが飛び出してきました。うた『おもちゃのチャチャチャ』をイメージして作りました。

イラスト ▶ 竜田麻衣
製作 ▶ Kao

素材 色画用紙　片段ボール　キラキラ折り紙　お花紙　キルト　フェルト　シープボア　ボタン

素材ポイント

★いろいろな素材で うたのワクワク感を表現

おもちゃ箱・虹・ネコ

虹とおもちゃ箱は片段ボール。
ネコはキルト。目はボタン。

ブタ

体はキルト。
顔はフェルト。

お人形

スカートはお花紙。

ヒツジ

ヒツジの体はシープボア。

1月

型紙
P163

今年の干支はなんだろうな？十二支かるた

『ね、うし、とら…』干支のどうぶつや順番はどうやって決まったのでしょう。子どもたちとおはなししながら楽しめる壁面です。

イラスト ▶ わたなべふみ
製作 ▶ Ayan＊

素材 色画用紙　千代紙　和紙
キラキラ折り紙　綿

作り方ポイント

子どもも参加！

十二支かるた

【枠に沿ってちぎり紙をはってみよう】

いろいろな模様の和紙や千代紙をちぎってはる。

素材ポイント

仙人

仙人のまゆげやひげ、雲は綿。

ねずみ
うし
とら
2
1
うさぎ
うま
へび
たつ

子どもと楽しむ

★壁面を見ながら子どもとおはなしをしてみよう。

ねずみがいちばんになったのはね…

1月

型紙
P164

こまと羽子板であそぼうよ！

お正月あそびの楽しい雰囲気が伝わってくる壁面です。羽子板のきれいな模様は、子どもたちと染め紙で作ってみましょう。

イラスト ▶ 高橋美紀
製作 ▶ 佐藤茉耶

素材 色画用紙　折り紙　千代紙　キラキラ折り紙　半紙　毛糸

作り方ポイント

子どもも参加！

羽子板

半紙を色水で染め、羽子板の模様にする。

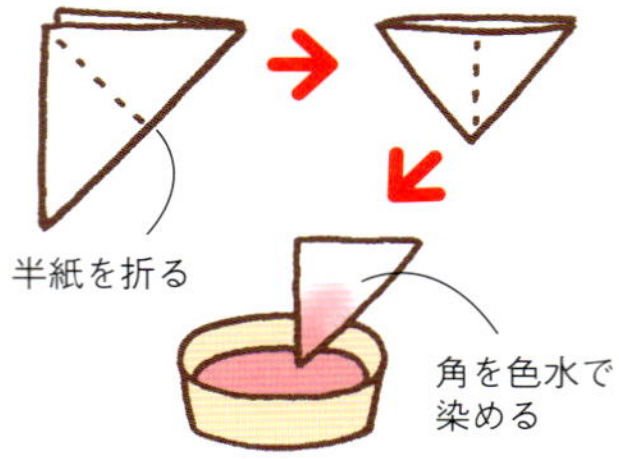

染める前に水に半紙を一度ひたすと染まりやすい！

こま

毛糸をうずまき状にはる。

1月 大きな鏡もちと新年のお祝い

型紙 P165

大きくて立体的な鏡もちがインパクト大。背景にお花やキラキラ折り紙をはると、にぎやかな雰囲気でよりかわいく！

製作 ▶ おおしだいちこ

素材 色画用紙　千代紙　キラキラ折り紙　厚紙　綿　カラーポリ袋　キラキラ丸シール

作り方ポイント

鏡もち

綿とカラーポリ袋を使って、立体的な鏡もちを作ってみよう。

子どもも参加！ アレンジ案

お花

障子紙を色水で染めて背景のお花を作ろう。

1月

型紙
P165

願いを込めて絵馬を飾ろう

絵馬から飛び出てきそうな元気な獅子舞いや、お願い事を書いた絵馬を飾ってみましょう。アレンジに子どもたちが作った絵馬を飾ってもいいですね。

製作 ▶ とりうみゆき

素材 色画用紙　厚紙
キラキラ折り紙　ひも

作り方ポイント

絵馬

ひも

ひもをはりつけて立体的な部分を作る。クラスの願い事や目標を書く。

金色の
折り紙

ししまいの背景に金色の折り紙をはると、華やかでおめでたい雰囲気がアップ！

すてきな1年に
なりますように！

子どもも参加！アレンジ案

絵馬

01 毛糸をまく

段ボール

毛糸

はる

段ボールで作った絵馬の外枠に、毛糸をまく。

02

はり絵

外枠に、切った
千代紙をはる。

03

模様を描く

色画用紙にクレヨンで
好きな模様を描き、そ
の上から子どもが描い
た絵をはる。

1月

型紙 P166

もちつき大会ぺったんこ

心躍るおもちつきの姿の壁面です。背景のお花を、子どもたちの指スタンプで製作しても、いきいきとした作品になりますね。

イラスト ▶ 高橋美紀
製作 ▶ Kao

素材 色画用紙　厚紙　綿　カラーポリ袋

作り方ポイント

おもち

綿とカラーポリ袋を使って立体的なおもちを作ってみよう。

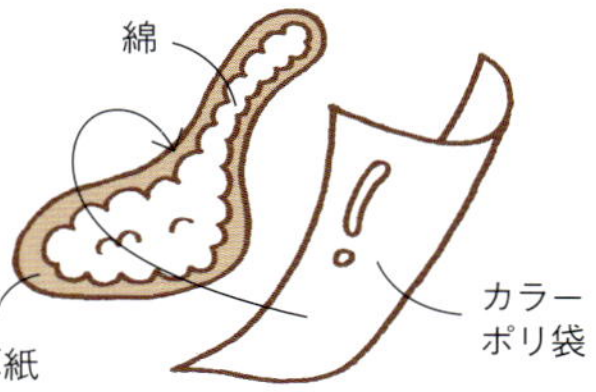

なべのまわり

くしゃくしゃにした色画用紙の中に丸めた紙を包むと本物の石みたい！

子どもも参加！

梅

子どもの指スタンプで模様をつけてみよう。

1月

型紙 P167

ペタペタはり絵の凧あげあそび

お正月の楽しいあそびの凧あげは、子どもたちも大好きなあそびですね。それぞれの凧を、子どもたちとはり絵をしながら作っても楽しそうですね。

製作 ▶ 阪本あやこ

素材 色画用紙　厚紙　キラキラ折り紙　千代紙　和紙

作り方ポイント　子どもも参加！

凧　［グループに分かれて凧を作ってみよう］

ちぎった紙を凧にはる。

2月

型紙 P167

どうぶつたちの豆まき大会

おにさんに向かって豆まきをするどうぶつたちはとっても楽しそう。実際に子どもたちが行う、節分の豆まきへの期待も膨らみそうな壁面です。

製作 ▶ くるみれな（マーブルプランニング）

素材 色画用紙　紙テープ　キラキラ丸シール　アルミホイル

作り方ポイント

豆と紙テープ

まいた紙テープや金や銀の丸テープをはってみよう。

紙テープを棒状のものにまきつけ、くるくるまきにしたものをはる。

金棒

キラキラの金棒を作ってみよう。

くしゃくしゃにしてしわをつけたアルミホイルを、金棒の形に切った画用紙にまいてはる。

子どもも参加！アレンジ案

節分アイテム

01 豆を立体的にする

ティッシュを色紙でつつみ、立体的な豆に。

02 おにを作る

作った小おにを飾ってもかわいい

色画用紙で小おにを作る。

03 豆入れを作る

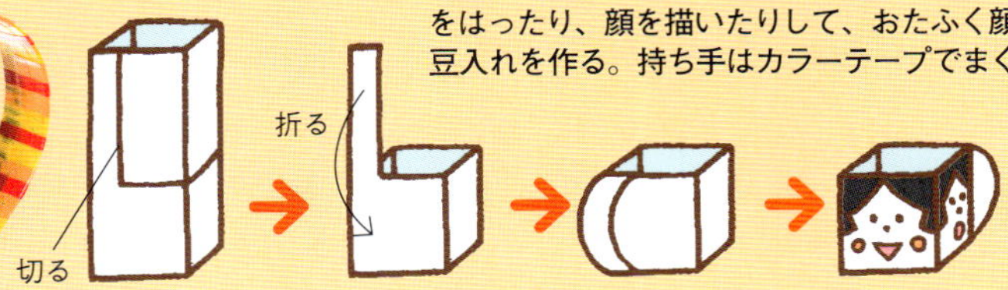

牛乳パックを切り、上から画用紙や丸シールをはったり、顔を描いたりして、おたふく顔の豆入れを作る。持ち手はカラーテープでまく。

作った豆入れも飾ってみよう

2月

型紙 P168

お口のあいた おにさん豆まき

立体的なおにさんの顔に、子どもたちも驚き、喜んでくれそうな壁面です。『おには～そと』と豆まきを想定してあそんでみるのも楽しそうですね。

製作 ▶ 阪本あやこ

素材 色画用紙　ティッシュペーパーの箱　ひも　フェルト　お花紙　アルミホイル

作り方ポイント

おに おにの顔をティッシュの箱を使って作る。口部分は切り抜いて、作ってみよう。

マジックやクレヨンで模様を描く
色画用紙
はる
まいて円すいの形にする。
毛糸
箱は色画用紙をはっておく。

壁面であそぼう

丸めた新聞紙やお花紙を、おにのあいた口目がけて投げ、豆まきごっこを楽しもう。

2月

型紙 P168

手作りチョコをプレゼント

お菓子作りが得意などうぶつたちは、バレンタインデーに向けて、チョコレートやカップケーキ作りを楽しんでいます。子どもたちの作品を一緒に飾ってもいいですね。

製作 ▶ 内山カナコ

素材 色画用紙　紙粘土　リボン　麻ひも　透明な袋　ペットカップ

作り方ポイント

子どもも参加！

チョコ

［紙粘土を使ってチョコを作ろう］

ラッピングをして飾る。

色つき紙粘土（ついていなければ絵の具などで上からぬる）で好きな形を作る。

2月

型紙
P169

型紙 P169

雪だるまも おしゃれにカラフル

ふっくらと優しそうな雪だるまがかわいい壁面です。小さな雪だるまは色水で染めた綿をはり、顔は子どもたちが描いて作りました。

イラスト ▶ 高橋美紀
製作 ▶ 佐藤茉耶

素材 色画用紙　厚紙　綿　カラーポリ袋　キラキラモール　毛糸

作り方ポイント

子どもも参加！

ゆきだるま①

厚紙
綿
カラーポリ袋
まく
マフラーは、切った毛糸をボンドではりつける。

ゆきだるま②

色水で染めた綿で、ふわふわのゆきだるまを作ってみよう。

顔はクレヨンで子どもが描いてもかわいい。
両面テープ
はる
色水で染めた綿

2月

型紙 P170

おはなし てぶくろ

あたたかいてぶくろのおうちに入り込んだどうぶつたち。窓もついてとっても快適そうなおうちですね。ウクライナの民話『てぶくろ』をイメージして作りました。

イラスト ▶ 高橋美紀
製作 ▶ 佐藤茉耶

素材 色画用紙　綿　フェルト　キラキラ毛糸　キラキラモール　ぼん天

作り方ポイント

てぶくろ

フェルトで作ったてぶくろに窓をつけると、家の雰囲気が出ます。

素材ポイント

はしご

キラキラのモールを使って。

ゆき

キラキラ毛糸のポンポンと白いぼん天で。

2月

型紙 P171

具材がたっぷりおでんなべ

もくもくゆげの出た、おでんなべがとっても美味しそう。なべの具材は取り出し可能。子どもたちにどの具材が好きか、おはなしをしながら楽しめる壁面です。

製作 ▶ 町田里美

素材 色画用紙　和紙　クラフト紙　丸シール　綿

作り方ポイント

おでんの具

色紙を使って立体的なおでんの具を作ってみよう。

はる
三角に切った色画用紙に、クレヨンで点々模様をつける。
折り紙をくしゃくしゃにして丸める。
折り紙をじゃばら折りにする。
まいたクラフト紙

なべ

色画用紙に切りこみを入れると、具材の出し入れができる！

なべの具材を変えて、いろいろなおなべを作ってみよう！

2月

型紙
P171

梅とうぐいす ほーほけきょ

きれいな梅の木を見上げるとうぐいすが！うぐいすは別名を春告鳥（はるつげどり）ともいわれている鳥です。梅の花の中は、丸シールを子どもがはってもいいですね。

イラスト ▶ わたなべふみ
製作 ▶ Kao

素材 色画用紙　丸シール

子どもも参加！

作り方ポイント

梅の花

梅の花の中に、丸シールをはってみよう。

子どもが丸シールをはって、壁面作りに参加しよう。

レイアウト アレンジ案

梅の花を麻ひもでぶらさげて飾る。

3月

型紙
P172

みんなにっこりひなまつり♪

おひなさまを飾るわくわく感を壁面でも楽しめます。着物に千代紙を使ったり、背景に金の折り紙を散らしたりして、より華やかな雰囲気を出してみましょう。

製作 ▶ みさきゆい（マーブルプランニング）

素材 色画用紙　折り紙　キラキラ折り紙　千代紙

作り方ポイント

桃の花

［まとめて桃の花を作る］

切りたい色の色画用紙を重ね、四隅をホチキスでとめ、まとめて切る。

★便利な時短テクのひとつ！

子どもも参加！ アレンジ案

おひなさま

01 レースペーパー

02 カラーポリ袋

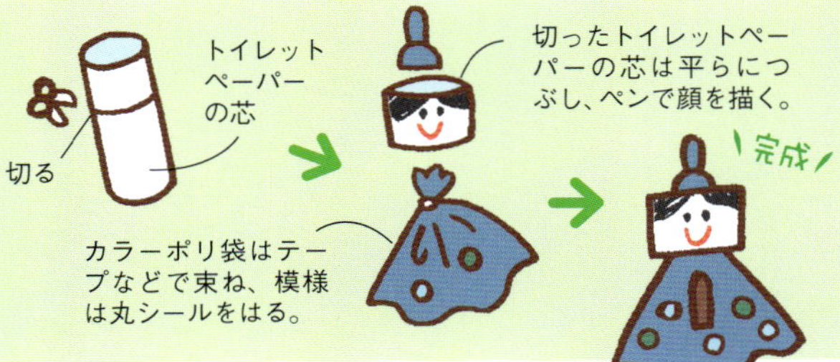
切る
トイレット
ペーパー
の芯
切ったトイレットペー
パーの芯は平らにつ
ぶし、ペンで顔を描く。
カラーポリ袋はテー
プなどで束ね、模様
は丸シールをはる。
完成

03
折り紙

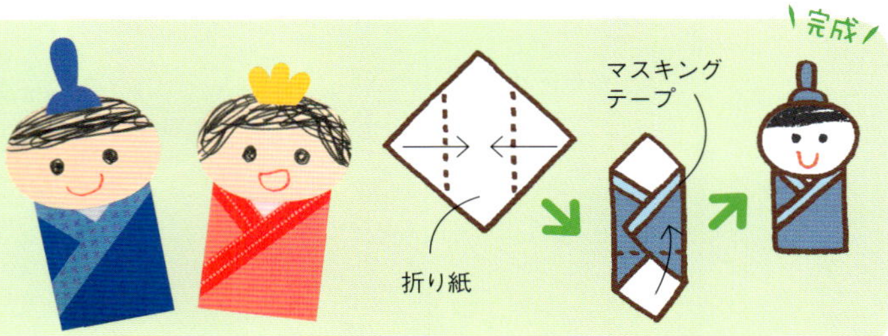
折り紙
マスキング
テープ
完成

3月

型紙
P172

ふわふわ菜の花

黄色の花が、あたたかな春を連れてきてくれそうな菜の花畑の壁面です。黄色の花をお花紙を使って、ふわふわに作っています。

イラスト ▶ 高橋美紀
製作 ▶ 佐藤茉耶

素材 色画用紙　お花紙　クレープ紙　綿　キラキラモール　丸シール

作り方ポイント

菜の花 重ねたお花紙で菜の花を作り、ふわふわと、立体的に。

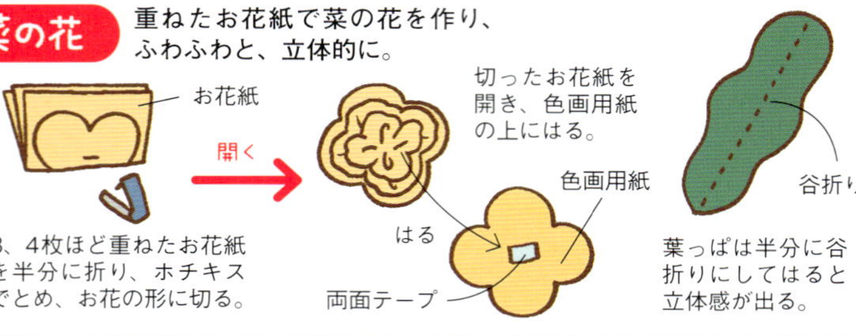
お花紙
開く
切ったお花紙を開き、色画用紙の上にはる。
色画用紙
はる
両面テープ
谷折り

3、4枚ほど重ねたお花紙を半分に折り、ホチキスでとめ、お花の形に切る。

葉っぱは半分に谷折りにしてはると立体感が出る。

素材ポイント

昆虫の触角

キラキラのモール。

3月

型紙 P173

うた はるがきた

つくしが顔を出し、春の訪れを教えてくれます。顔部分は切り紙をはりつけています。うた『はるがきた』をイメージして作りました。

製作 ▶ おおしだいちこ

素材　色画用紙　片段ボール　不織布

作り方ポイント

つくし

不織布をあみかざりのように切り、顔部分にはる。

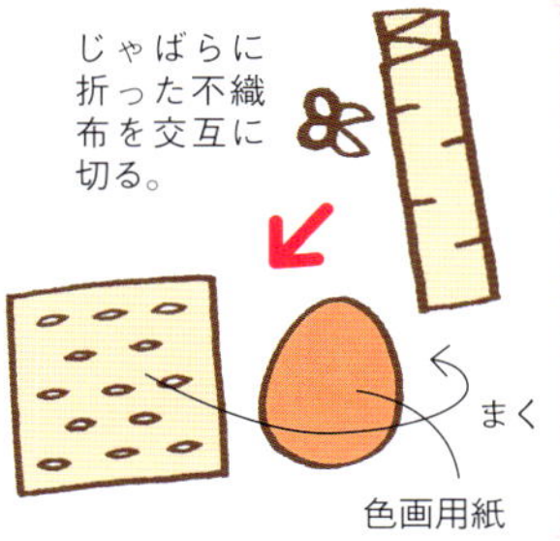
じゃばらに折った不織布を交互に切る。
切った不織布をひろげ、色画用紙にかぶせてはる。
まく
色画用紙

子どもも参加！ アレンジ案

つくし

つくしの顔にスタンプで模様をつける。

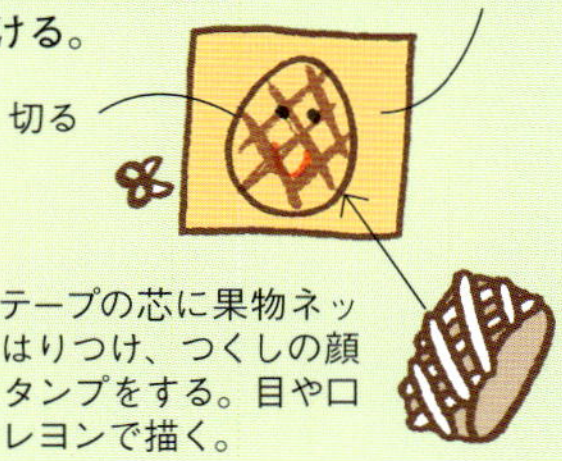
色画用紙
切る
ガムテープの芯に果物ネットをはりつけ、つくしの顔にスタンプをする。目や口はクレヨンで描く。

3月

型紙
P174

おはなし はなさかじいさん

「枯れ木に花を咲かせましょう」おじいさんが桜の花を咲かせます。花びらの模様は子どもと一緒に描いて作っても楽しいですね。『はなさかじいさん』のおはなしをイメージして作りました。

製作 ▶ スピカ

素材　色画用紙　和紙

作り方ポイント

子どもも参加！

さくらの花びら

水彩絵の具で色をつけた花びらを作ろう。

水彩絵の具で自由に色をぬる。

花びらの形に切る。

子どもと楽しむ

★壁面を見ながらおはなしをしてみよう。

3月

型紙 P174

花いっぱいで そつえんおめでとう

たくさんのお花と鳥たちが子どもたちのそつえんを祝ってくれる壁面です。レースペーパーも使って、花束にしています。アレンジで花かごにしてもすてきです。

製作 ▶ 阪本あやこ

素材 色画用紙　レースペーパー

作り方ポイント

花束

レースペーパーの上に、同じ形を組み合わせて作った花をはる。

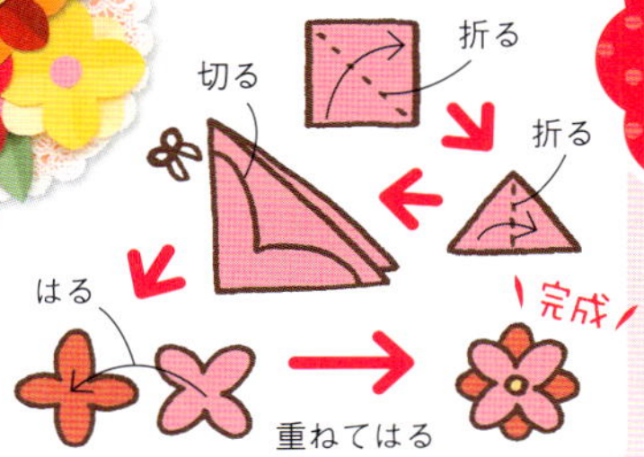
切る
折る
折る
はる
重ねてはる
完成

レイアウト アレンジ案

花かご

花かごとお花紙を足して、文字の配置も変える。

はる
お花紙で作った花

そつえん
おめでとう

そつえん
おめでとう

しんきゅう
おめでとう

3月

型紙 P175

綿毛にのって しんきゅうおめでとう

たんぽぽの綿毛にのって子どもたちは大空に飛び立ちます。綿毛や文字の背景のお花を立体的に作ると、動きのある元気いっぱいの雰囲気が出ます。

イラスト ▶ 蔵澄咲帆
製作 ▶ kuilima

素材 色画用紙　お花紙　すずらんテープ　カラーテープ　綿

作り方ポイント

綿毛

すずらんテープを使って綿毛を作る。

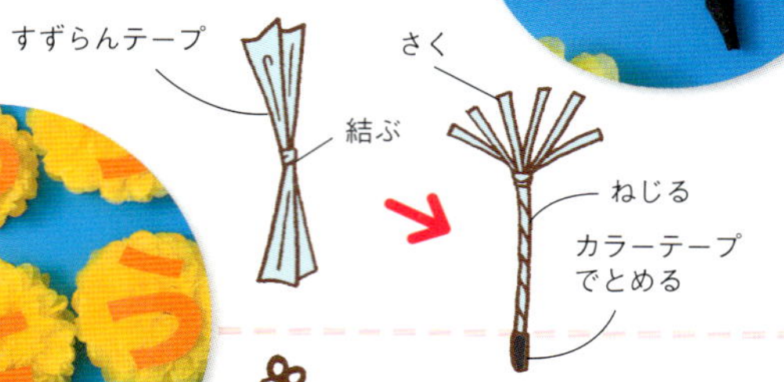

すずらんテープ
結ぶ
さく
ねじる
カラーテープでとめる

たんぽぽ

お花紙を使って立体的に作る。

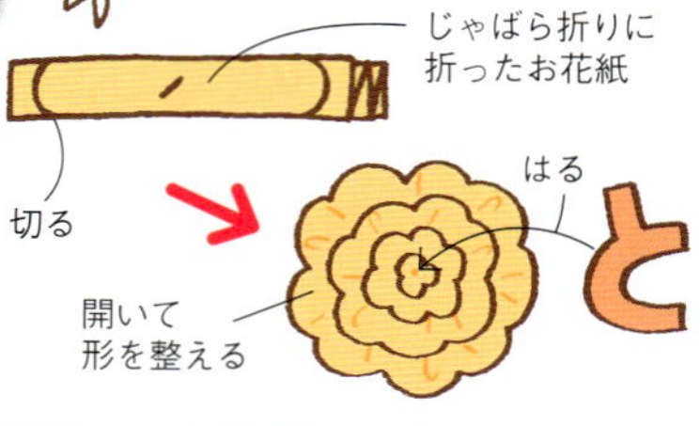

じゃばら折りに折ったお花紙
切る
はる
と
開いて形を整える

3月

型紙 P176

憧れのランドセル 1ねんせいももうすぐだ

えんぴつやノートをランドセルに入れて元気に登校。立体的なランドセルが目に飛び込んできます。１ねんせいになる子どもたちの期待が膨らむ壁面ですね。

製作 ▶ スピカ

素材 色画用紙　紙袋

作り方ポイント

ランドセル 紙袋と画用紙を組み合わせて作る。

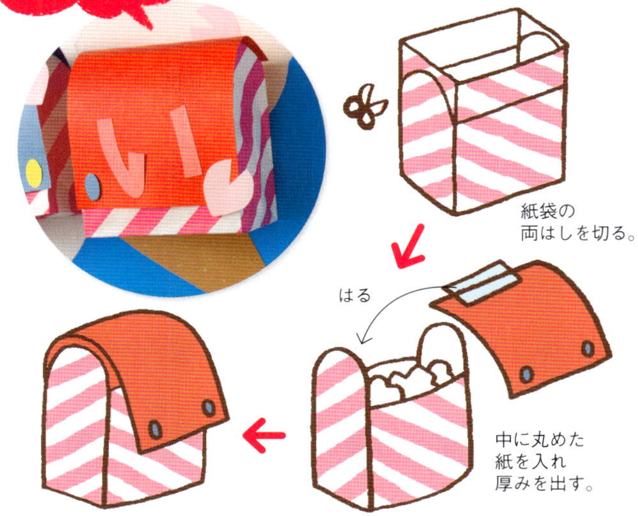
紙袋の
両はしを切る。
はる
中に丸めた
紙を入れ
厚みを出す。

1
ねん
せ
い

子どもに人気の

場所

型紙
P177

わくわくどうぶつえん

子どもたちの大好きなどうぶつえんにいるどうぶつたちを作ってみましょう。ところどころ素材を変えたり、子どもと一緒に作ったりして楽しめる壁面です。

イラスト ▶ おおきひろみ
製作 ▶ むなかたあすか

素材 色画用紙　和紙　片段ボール　ハニカムシート　フェルト　バラン　丸シール

\ 子どもも参加！ /

作り方ポイント

きりん

［指スタンプで模様をつけよう］

子どもの指スタンプで、きりんの体の模様をつける。

素材ポイント

背景の木

ハニカムシートと丸シール。

花

丸シールを組み合わせる。葉っぱ部分は半分に切って。

葉っぱ

バランを好きな大きさに切って。

子どもに人気の
場所

型紙
P178

ゆうえんち
カラフルかんらんしゃ

大きなかんらんしゃやジェットコースター。わくわくするのりものがたくさんあるゆうえんちに子どもたちも大喜びですね。かんらんしゃは紙皿を使っています。

イラスト ▶ 蔦澤あや子
製作 ▶ むなかたあすか

素材 色画用紙　片段ボール　キラキラ折り紙　紙皿　ストロー
丸シール　マスキングテープ　セロハンテープの芯

子どもも参加！

作り方ポイント

かんらんしゃ

紙皿を使って
立体的な
かんらんしゃ

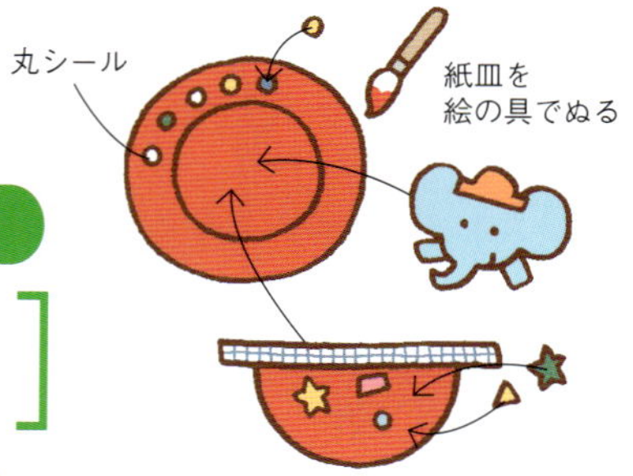
丸シール
紙皿を
絵の具でぬる

はさみで自由に切ったり、クラフトパンチで型を抜いたりした折り紙をはる。

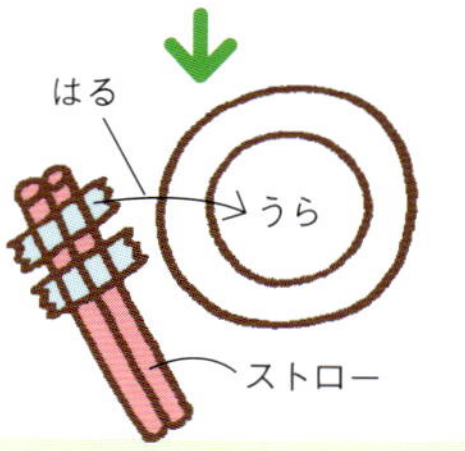
はる
うら
ストロー

子どもに人気の
場所

型紙 P179

うきうき こうえんあそび

大きな砂場やすべり台にぶらんこ…。どの遊具であそびたいか、子どもたちに聞いてみてください。砂場のお山は紙を入れて、立体的にしています。

イラスト ▶ おおきひろみ
製作 ▶ Kao

素材 色画用紙　模造紙　モール　ひも

作り方ポイント

砂山

立体的な砂山を作ってみよう。

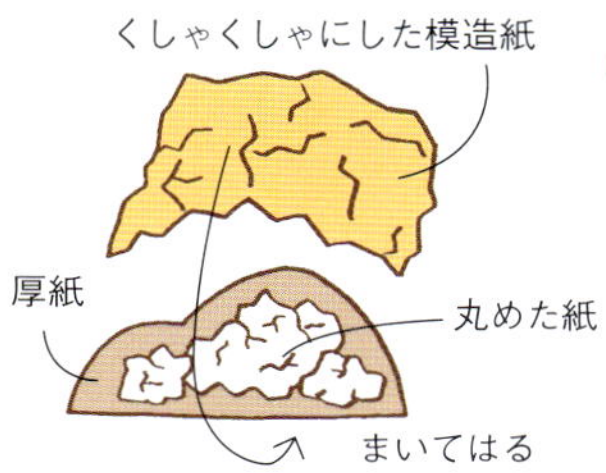

くしゃくしゃにした模造紙
厚紙
丸めた紙
まいてはる

素材ポイント

ブランコ

ひもを使って。

ひも
画用紙
はる

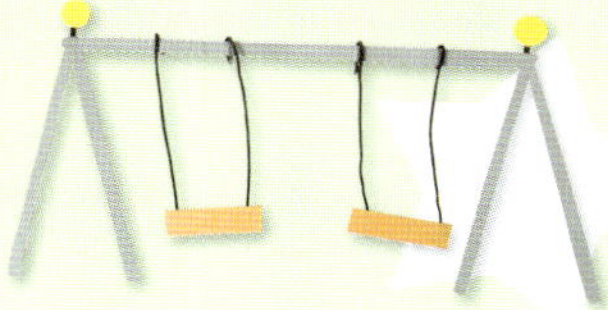

遊具

まいたモールを使って。

はる
モール
鉛筆などで
モールをまいてはずす。

子どもに人気の

場所

型紙 P180

おおきなすいそう すいぞくかん

ジンベイザメやイルカ、カメ…。いろいろなうみのいきものたちが楽しそうに泳ぐ楽しいすいぞくかん。さかなの模様や顔を子どもが描いてもいいですね。

イラスト ▶ 高橋美紀
製作 ▶ ひぃ

素材 色画用紙　キラキラ折り紙　すずらんテープ　モール

子どもも参加！ 作り方ポイント

ジンベイザメ

タンポ筆でジンベイザメの模様をつけてみよう。

おさかな

子どもが色をぬり、顔や模様を描いてみよう。

さかなの形に切った画用紙に、子どもがたんぽ筆で色をぬる。乾いたらペンで顔や模様を描く。

素材ポイント

海水

すずらんテープにしわをよせてはる。

かに

あし部分をモールで。

子どもも参加！ アレンジ案

ジンベイザメ

01 丸シール

模様や目を丸シールではる。

02 クレヨン

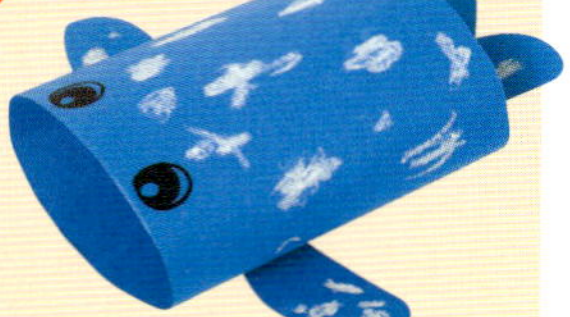

画用紙を丸める。

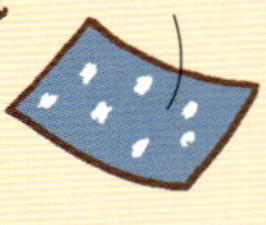

画用紙にクレヨンで模様を描く。

パーツをはる。

誕生表

型紙 P181

おめでとう！ケーキ誕生表

カラフルでかわいいケーキに、子どもも大人もくぎづけです。どのケーキもおいしそうですね。お花紙や綿など素材を工夫すると、よりリアルなケーキが作れます。

イラスト ▶ 蔦澤あや子
製作 ▶ kuilima

素材 色画用紙　お花紙　レースペーパー　フェルト　モール　布　綿　ラップ　丸シール　毛糸　麻ひも

作り方ポイント

5 かなた
30 みゆ

ケーキの上のくだもの

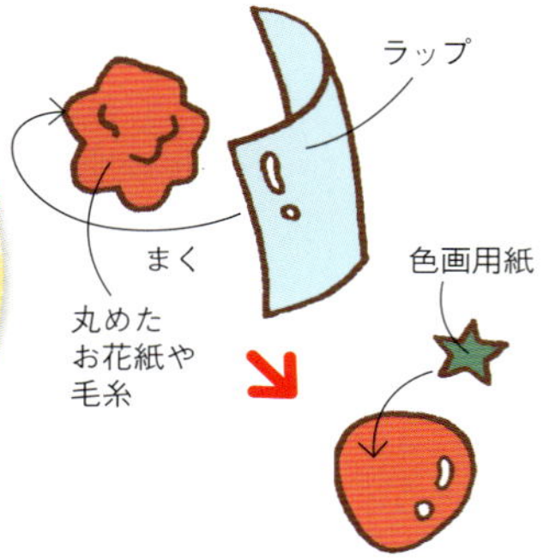

ラップ
まく
丸めた
お花紙や
毛糸
色画用紙

背景の飾り

お花とガーランドで背景もにぎやかにかわいらしさもアップさせてみよう。

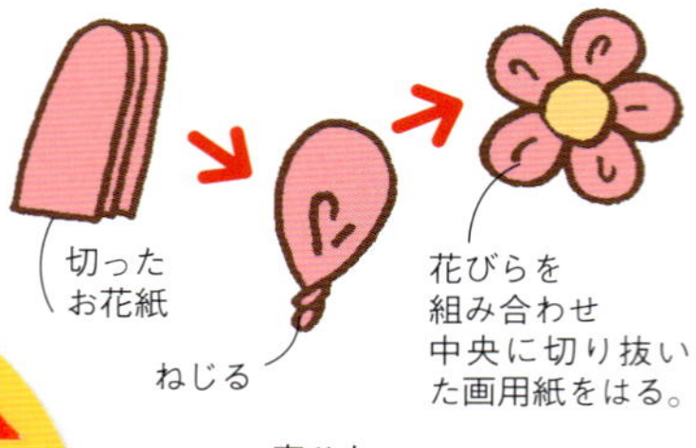

切った
お花紙
ねじる
花びらを
組み合わせ
中央に切り抜いた画用紙をはる。

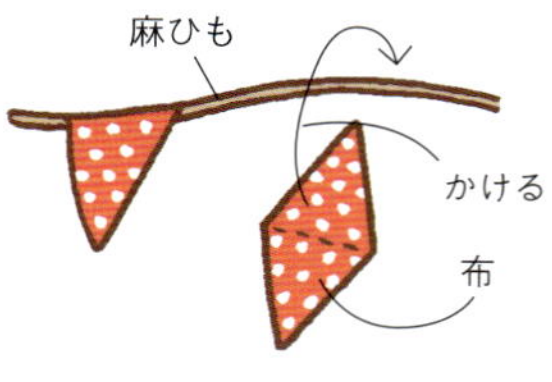

麻ひも
かける
布

おた
2
1 みなと
10 ゆい
2 ひより
12 そら
6
10 せな
9
5 かなた
30 みゆ

んじょうびおめでとう
3
8 ひかり
25 ゆうと
4
12 ことは
5
9 にこ
25 いつき
7
1 とうま
10 さな
8
8 いろは
10
6 ゆうき
11 ゆな
11
7 るな
12
4 りくと
25 こはる

おたんじょうびおめでとう
1
3 あらた
7 まな
2
1 まこと
7 さら
3
9 なおこ
16 ゆたか
4
5 はるか
13 しゅん
5
14 みどり
21 ゆうき
6
18 かおり
27 げんき
7
2 たいせい
9 のあ
8
17 あおい
24 たくみ
9
19 はるあき
26 みつき
10
18 みと
22 そら
11
12 たつと
23 みき
12
11 ひろと
24 ゆうか

誕生表

型紙
P182

おめでとう！プレゼント誕生表

いろいろな形のプレゼントの箱には何が入っているのでしょう。きれいな包装紙をはりつけて作っても楽しい誕生表が作れます。

製作 ▶ スピカ

素材 色画用紙

作り方ポイント

プレゼント

色や柄の違う画用紙でプレゼントの箱を作る。正面に誕生月の子どもの名前を書こう。

8
17 あおい
24 たくみ

子どもも参加！ アレンジ案

プレゼント

★子どもが描いた絵をはってみよう

画用紙に子どもが描いた絵を切り、プレゼントにはる。

8
ちえ
あつ
はる

誕生表

型紙 P183

おめでとう！ 季節のしょくぶつ誕生表

それぞれの季節のしょくぶつがきれいで、思わず見とれてしまう誕生表です。看板に誕生月の子どもの名前を書いてみましょう。

製作 ▶ 内山カナコ

素材 色画用紙

作り方ポイント

しょくぶつと看板

画用紙でそれぞれの月のしょくぶつを作り、看板に誕生月の子どもの名前を書こう。

12がつ
ほのか・るい

子どもがよろこぶ！ アレンジ案

誕生日カード

みおちゃん
おたんじょうび おめでとう

ありがとう

画用紙の上に作った季節のしょくぶつをはり、メッセージをそえると誕生日カードに。

1がつ りお・ゆうき
2がつ ゆうな・りく
3がつ みお・そら
4がつ ゆい・はると
12がつ ほのか・るい
おたんじょうび おめでとう
5がつ れな・こたろう
11がつ こころ・れん
6がつ ななみ・れお
10がつ さき・たける
9がつ のあ・たいよう
8がつ みゆ・だいき
7がつ ひな・りょう

おたんじょうびおめでとう
1
13 かほ
20 ようせい
2
19 よう
26 ちさき
3
1 こころ
27 りく
4
2 あやか
21 うた
5
20 たけひろ
22 わかな
6
4 としあき
30 みや
7
18 すみれ
25 ゆうさく
8
9 まさき
26 りこ
9
3 あいか
8 あきら
10
9 ふうた
23 なおと
11
10 みお
17 ひゅうが
12
8 かなと
22 えみり

誕生表

型紙 P184

おめでとう！季節のくだもの誕生表

6
4 としあき
30 みや

大きな木になったくだものに、誕生月の子どもの名前を書いてみましょう。片段ボールで葉っぱの土台を作り、「おたんじょうびおめでとう」の文字をのせてみましょう。

イラスト ▶ 小泉直子
製作 ▶ ひぃ

素材 色画用紙　片段ボール　段ボール

素材ポイント

葉っぱ

片段ボールで葉っぱを作り、その上から文字を重ねる。

はしご

12
8 かなと
22 えみり

切った段ボールを組み合わせて。

子どもがよろこぶ！アレンジ案

ひも
はる
7
25ゆうさく

7
18 すみれ
25 ゆうさく

誕生日メダル

くだものにひもをつけて、誕生日メダルを作ってみよう。

誕生表

型紙
P185

おめでとう！ 星座のモチーフ誕生表

12か月の星座のモチーフが登場する誕生表です。中央に誕生月のモチーフを配置してみましょう。大きな星は立体的にして目立たせてみましょう。

イラスト ▶ 高橋美紀
製作 ▶ 佐藤茉耶

素材 色画用紙　キラキラ折り紙　厚紙　綿　カラーポリ袋

作り方ポイント

誕生月の
モチーフを
中央にはろう！

星

綿とカラーポリ袋を使って立体的な星を作ろう。

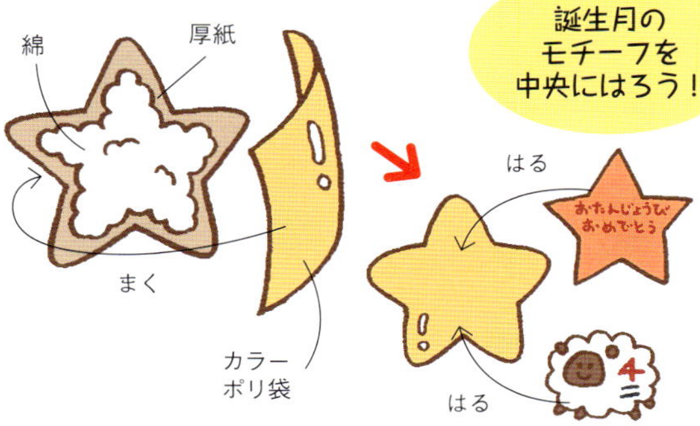

誕生表

型紙
P186

おめでとう！どうぶつ気球誕生表

どうぶつの顔の形の気球に、子どもたちの名前を書いてみましょう。ぷっくりとしたどうぶつの顔がかわいい誕生表です。

製作 ▶ スピカ

素材 色画用紙　リボン

作り方ポイント

どうぶつの顔にたっぷりとスペースを作り、誕生月の子どもの名前を書こう。

どうぶつ気球

子どもがよろこぶ！ アレンジ案

どうぶつ気球

★子どもの写真をはる

気球に子どもの写真を切り抜いて、はってもかわいい。

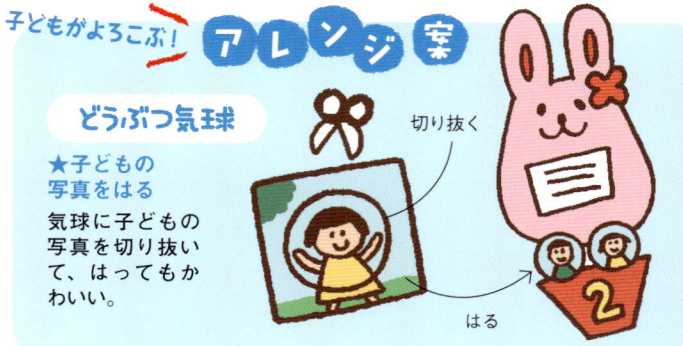

誕生表

型紙 P187

おめでとう！ どうぶつ飛行機誕生表

それぞれのどうぶつたちがのっている飛行機に、子どもの名前を書いてみましょう。すずらんテープで作った立体的な虹と誕生月のモチーフを中央に配置してみましょう。

イラスト ▶ 高橋美紀
製作 ▶ 佐藤茉耶

素材 色画用紙　模様付き折り紙　厚紙　綿　カラーポリ袋　すずらんテープ

作り方ポイント

虹

すずらんテープの束をみつあみにして組み合わせる。

雲は綿をカラーポリ袋で包んで立体的にする。

みつあみをする。

ならべてはる。

誕生表

型紙
P188

おめでとう！カップケーキ誕生表

カラフルなカップケーキに自分の名前があると嬉しくなりますね。デコレーションや色を変えて各月に違いを出してみましょう。

製作 ▶ スピカ

素材 色画用紙　レースペーパー

作り方ポイント

カップケーキ

じゃばら折りにして、部分的に立体にしたカップケーキを作ってみよう。

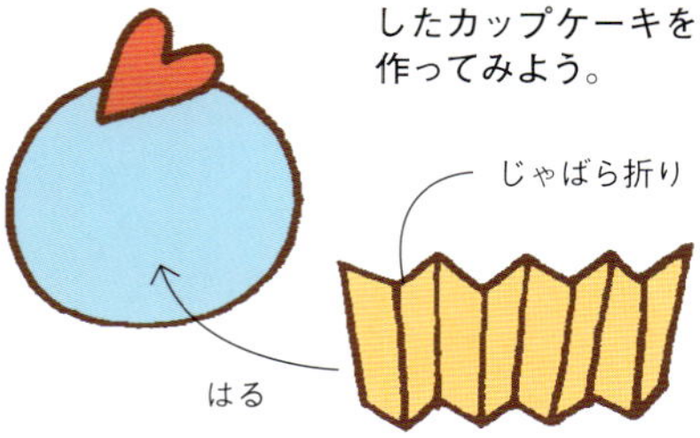

子どもがよろこぶ！アレンジ案

カップケーキ

★カップケーキをラッピング

ラッピングして、そのままプレゼントしても！

誕生表

型紙 P189

おめでとう！メリーゴーランド誕生表

自分の名前があるメリーゴーランドには、どのどうぶつがのっているのか、見つけるのが楽しくなる誕生表です。レースを使うなどちょっとしたあしらいが全体の完成度をあげるポイントです。

イラスト ▶ わたなべふみ
製作 ▶ kuilima

素材 色画用紙　厚紙　カラーポリ袋　レーステープ　丸シール

作り方ポイント

文字まわりの飾り

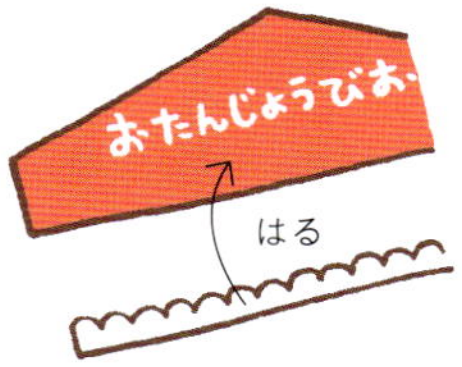
おたんじょうびお
はる

レースやレーステープを貼って、文字まわりを飾ってみよう。

背景のお花

消しゴムやスポンジで作ったお花のハンコで、背景を華やかにしてみよう。

おたんじょうびおめでとう
5 5 れお 23 ひまり
6 7 いちか 15 あおい
7 1 はな 30 あさひ
8 8 りく 11 かんな
9 10 そうた 24 しおん
4 5 はると 12 あかり
11 1 そうすけ 26 りこ
1 4 るい 29 ゆずき
3 9 ひなた 16 はる
10 2 さら 17 ここな
12 3 ほのか 18 たいが
2 6 かいと 25 ゆい

壁面作品活用アイデア

壁面で製作した作品を、いろいろなアイデアで、幅広く活用してみましょう。

ペープサート

「おはなし」・「うた」壁面を利用して、ペープサートを作ってみましょう。毎日の保育にも役立ちます！

バッグ

うちわ

カード・はがき

子どもの製作物をはりつけて作ったバッグやカードは保護者に成長を伝えられます！

おたんじょうび
おめでとう
あけまして
おめでとう
まお

モビール

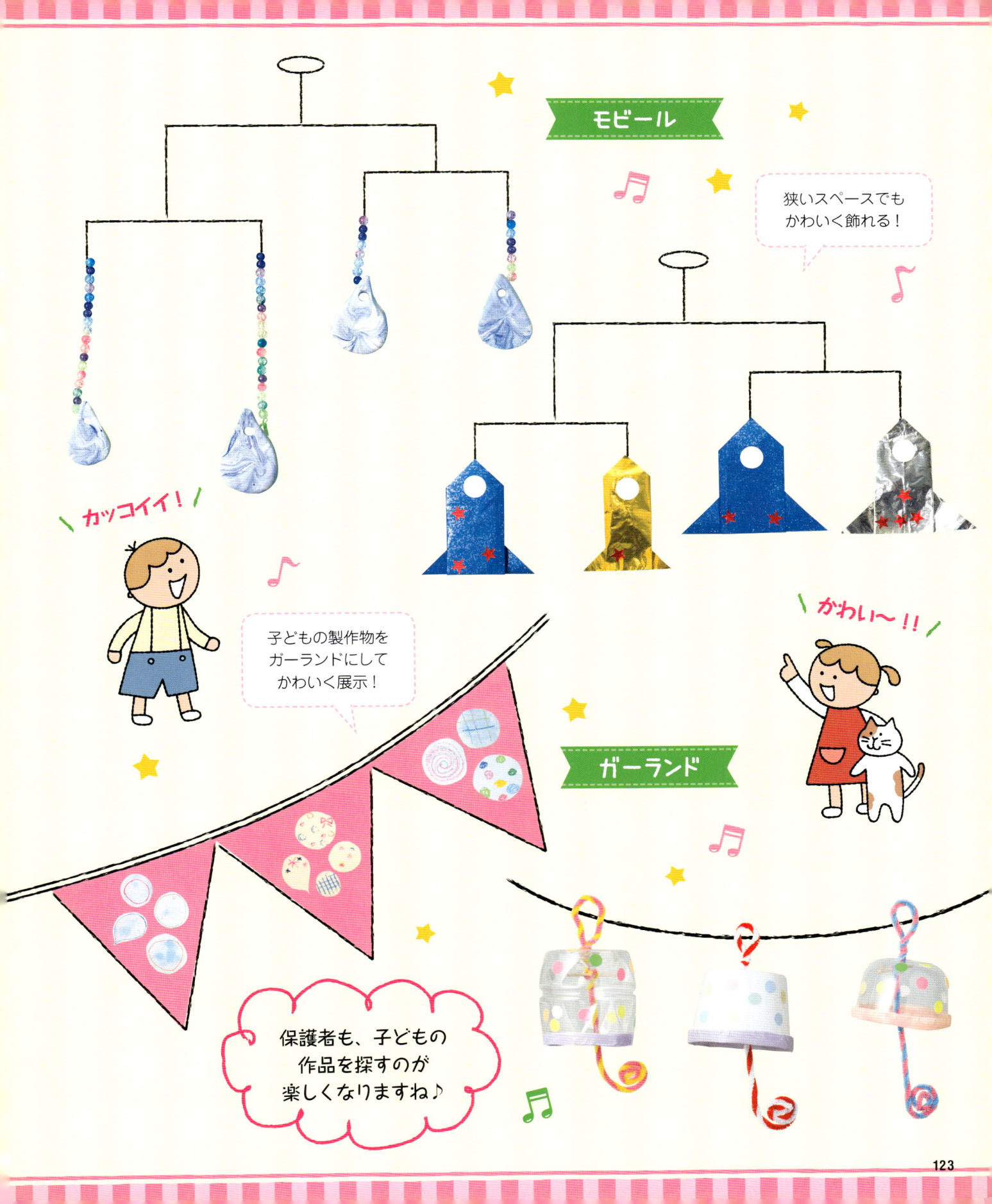

狭いスペースでも
かわいく飾れる！

カッコイイ！

子どもの製作物を
ガーランドにして
かわいく展示！

かわい〜!!

ガーランド

保護者も、子どもの
作品を探すのが
楽しくなりますね♪

ホワイトボードに

12月の
おたんじょうかい
おたんじょうび
おめでとう
4 りくと
25 こはる
12
8 かなと
22 えみり

黒板に

しんきゅう
おめでとう

作品をおもいでちょうに保管

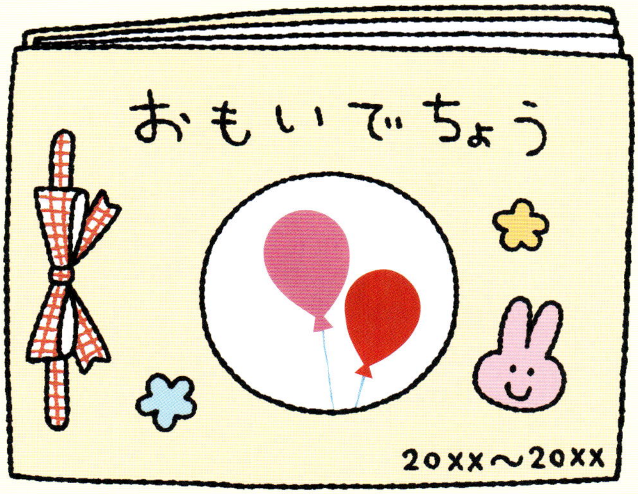
おもいでちょう
20XX～20XX

たくさん
作ったね！

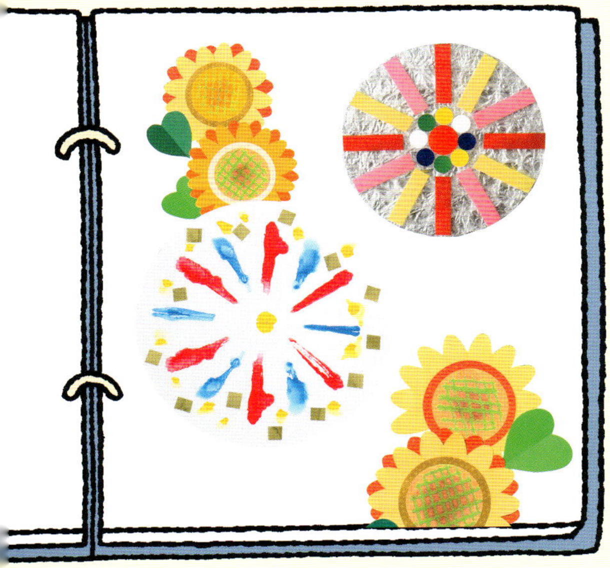

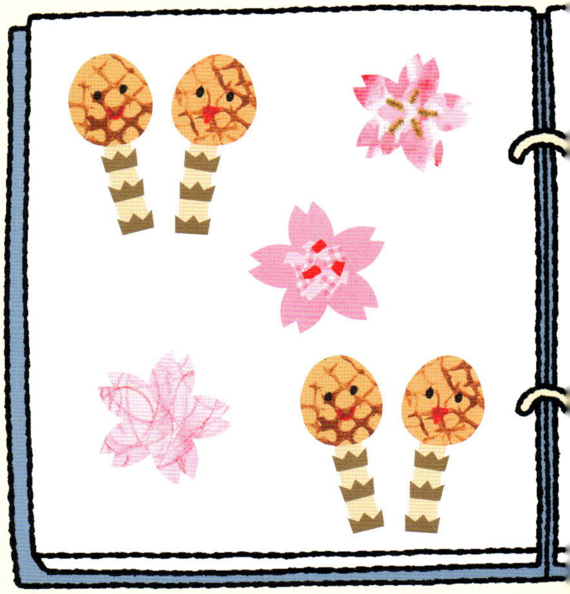

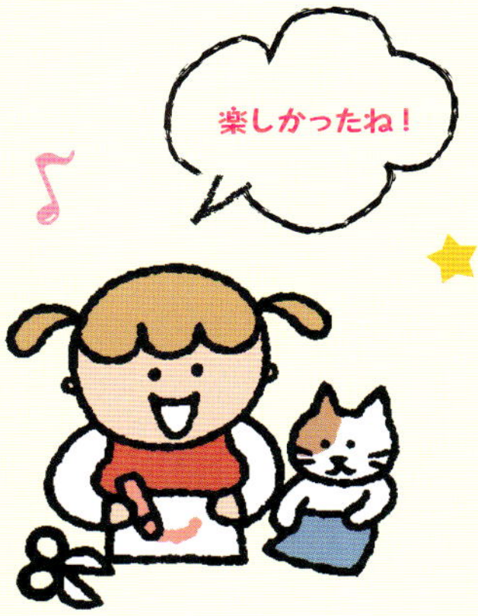
楽しかったね！

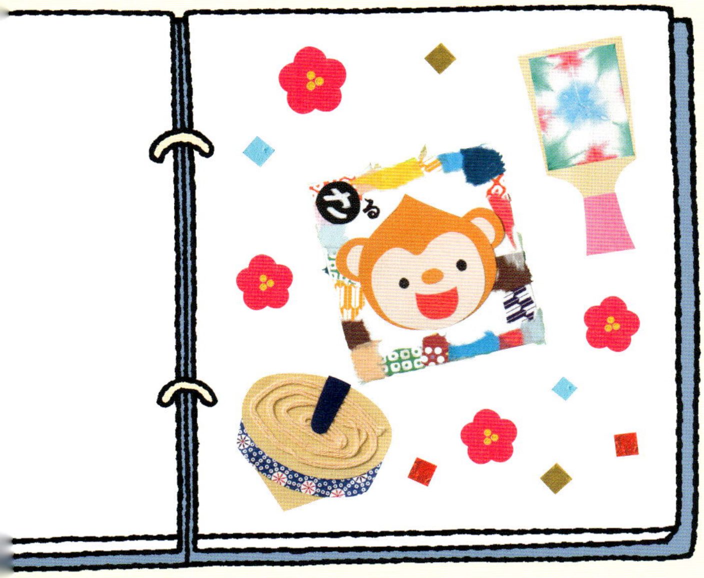
さる

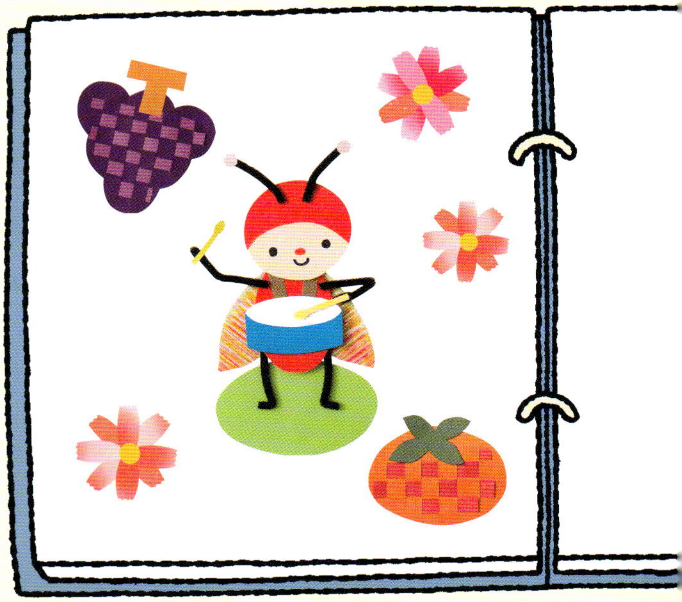

壁面製作に使える技法あそび

いろいろな技法あそびを子どもたちと楽しみ、壁面製作に取り入れてみましょう。
本書で使った技法あそびとその作品例を紹介します。

コラージュ（はり絵）

紙や布などをいろいろな形に切ったり、ちぎったりして、はりつけてあそぶ。

にじみ絵・染め紙

和紙や障子紙を色水で染めたり、あらかじめペンで描いた模様をにじませたりしてあそぶ。

スタンピング

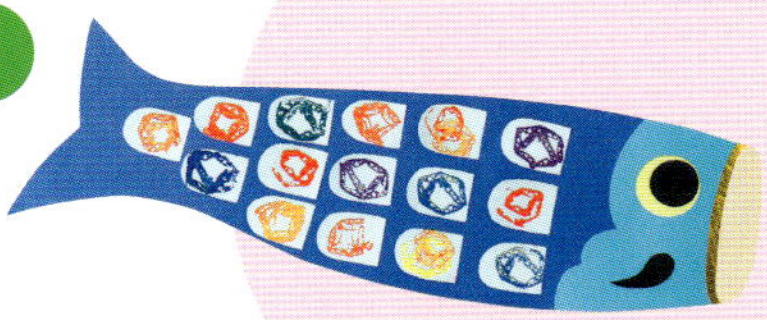

いろいろなもの（まいた段ボールや野菜の断面など）に絵の具をつけ、ハンコのように押して模様をつくってあそぶ。

はじき絵（バチック）

はじめにクレヨンやろうなどといった、水をはじく性質をもつ画材で絵を描く。その上から水溶き絵の具を塗り、背景のみを染めてあそぶ。

デカルコマニー（あわせ絵）

2つ折りにした画用紙の片面だけに絵の具をおき、重ねあわせた上から圧力をかけ、シンメトリー（対称）で、偶然にできた模様をつくってあそぶ。

こすりだし（フロッタージュ）

表面がでこぼこしたものの上に紙をのせ、色鉛筆などで模様を写しとってあそぶ。

ドリッピング（たらし絵）

水溶き絵の具をたっぷり含ませた筆を振り、滴をたらしたり散らしたりする。また紙の上に落ちた絵の具を、息やストローなどで吹き流して偶然にできた模様を楽しむ。

マーブリング

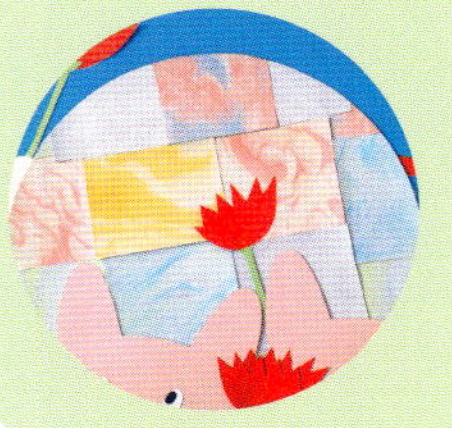

水面にできた絵の具の模様を写しとるあそび。マーブリング専用の絵の具もある。

現場で使える！

壁面製作の小ワザ

同じ壁面作品でもちょっとした素材や作り方を変えただけで、印象が大きく変わります。
現場でも使われているいろいろな小ワザで、壁面製作をより楽しんでください。

素材を変えてみる

同じモチーフでも素材を変えると、印象が大きく変わります。

色画用紙

カラーポリ袋

片段ボール

和紙

布

すずらんテープ

フェルト

いろいろな

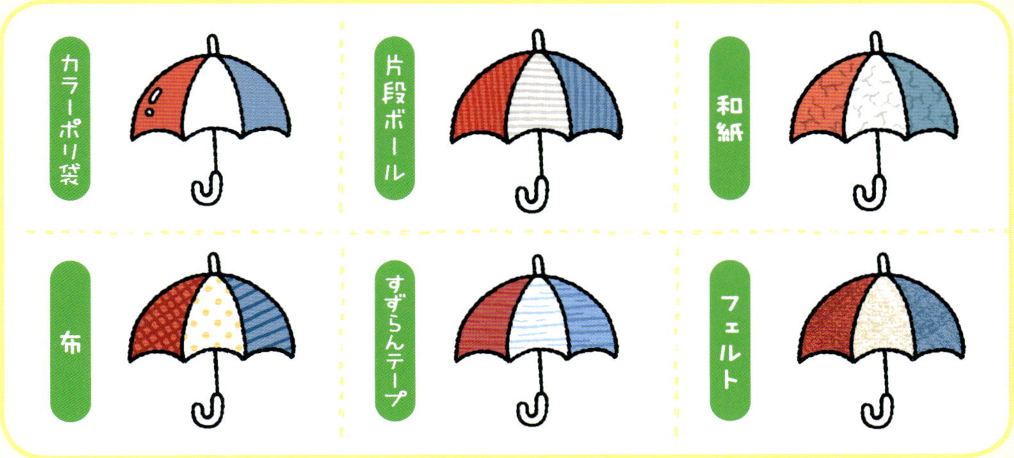

目の作り方

いろいろな目の作り方やアレンジを知っておくと、表情の幅が広がります。

色画用紙

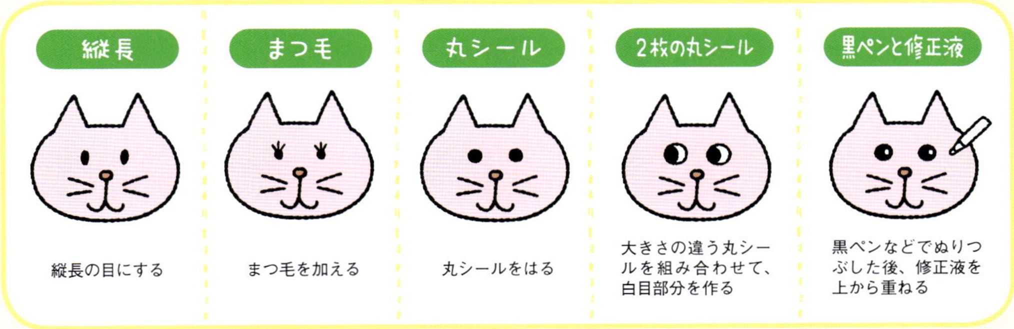

縦長

縦長の目にする

まつ毛

まつ毛を加える

丸シール

丸シールをはる

2枚の丸シール

大きさの違う丸シールを組み合わせて、白目部分を作る

黒ペンと修正液

黒ペンなどでぬりつぶした後、修正液を上から重ねる

かわいい

ほっぺたの作り方

ほっぺたのいろいろな色づけ方を知っておくと便利です。

色画用紙

丸シールをはる

クレヨンをぼかす

たんぽ筆でぬる

チークをぬる

拡大率の出し方

実際の壁面を作るときには、型紙を拡大コピーして作る必要があります。
ここでは、どのくらい拡大コピーをしたらいいかについて説明します。

★拡大率の公式

（Ⓐ壁面を飾る場所の長さ ÷ Ⓑ作品の写真の横の長さ）×（Ⓒ誌面上のパーツ写真のサイズ ÷ Ⓓ型紙のサイズ）

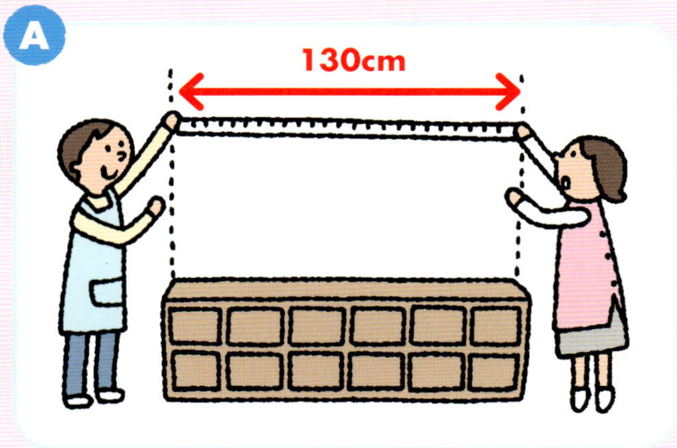

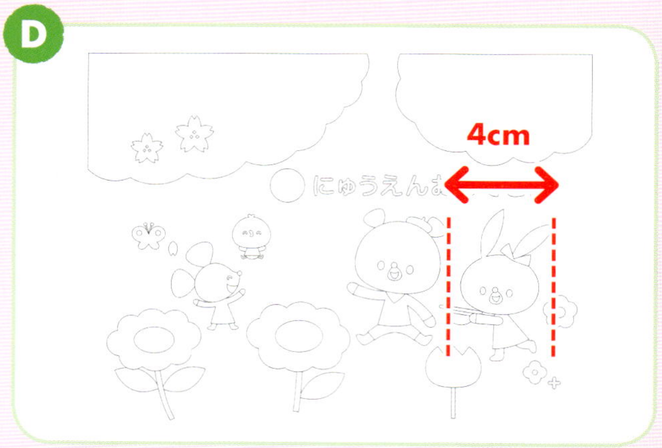

★計算例

型紙を8倍（800%）に拡大コピー

（Ⓐ130cm ÷ Ⓑ31cm）×（Ⓒ8cm ÷ Ⓓ4cm）≒（約）8倍

※2回に分けて拡大コピーを行う方法もあります。（1回目 200% × 2回目 400% ＝ 800%）

型紙

●のりしろを適宜入れて切ってください
●それぞれの園に合わせて拡大率を調整してお使いください（詳しくはP128）

P10-11 4月 お花にかこまれ おめでとう

P12 4月 風船文字で おめでとう

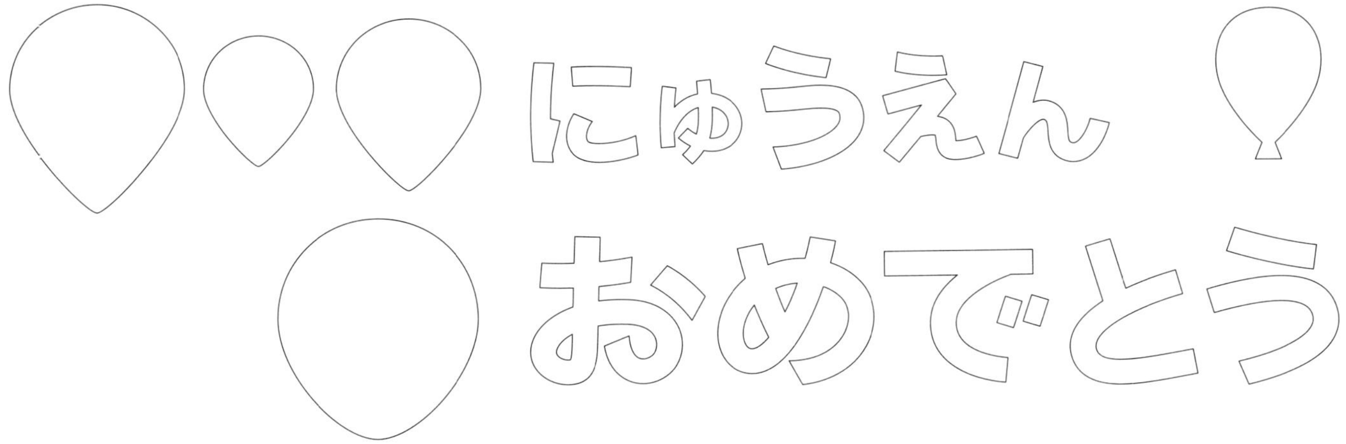

P13 4月 チューリップ

P14-15 4月 おおきなかぶ

アレンジ用▼

P16 4月 うさぎさんのイチゴつみ

P17 4月 バスえんそくで いただきます！

P18-19 5月 うろこがすてきな こいのぼり

P20 5月 ことりのうた

P21 5月 風にのれのれ かざぐるま

P22 5月 気球さんぽで発見! カーネーション

 ●のりしろを適宜入れて切ってください ●それぞれの園に合わせて拡大率を調整してお使いください(詳しくはP128)

P23 5月 おなかぺこぺこ あおむしくん

P24 5月 ぞうさん

●のりしろを適宜入れて切ってください　●それぞれの園に合わせて拡大率を調整してお使いください（詳しくはP128）

P25 5月 おむすびころりん

P26-27 6月 すてきな傘で 雨の日さんぽ

P28 6月 どうぶつたちの ゴシゴシ歯みがき

P29 6月 カエルの王子

 ●のりしろを適宜入れて切ってください ●それぞれの園に合わせて拡大率を調整してお使いください(詳しくはP128)

P30-31 6月 あめふりくまのこ

P32 6月 カエルくんの待ち合わせ in 時計台前

●のりしろを適宜入れて切ってください ●それぞれの園に合わせて拡大率を調整してお使いください(詳しくはP128)

P33 6月 UFOがやってきた?!

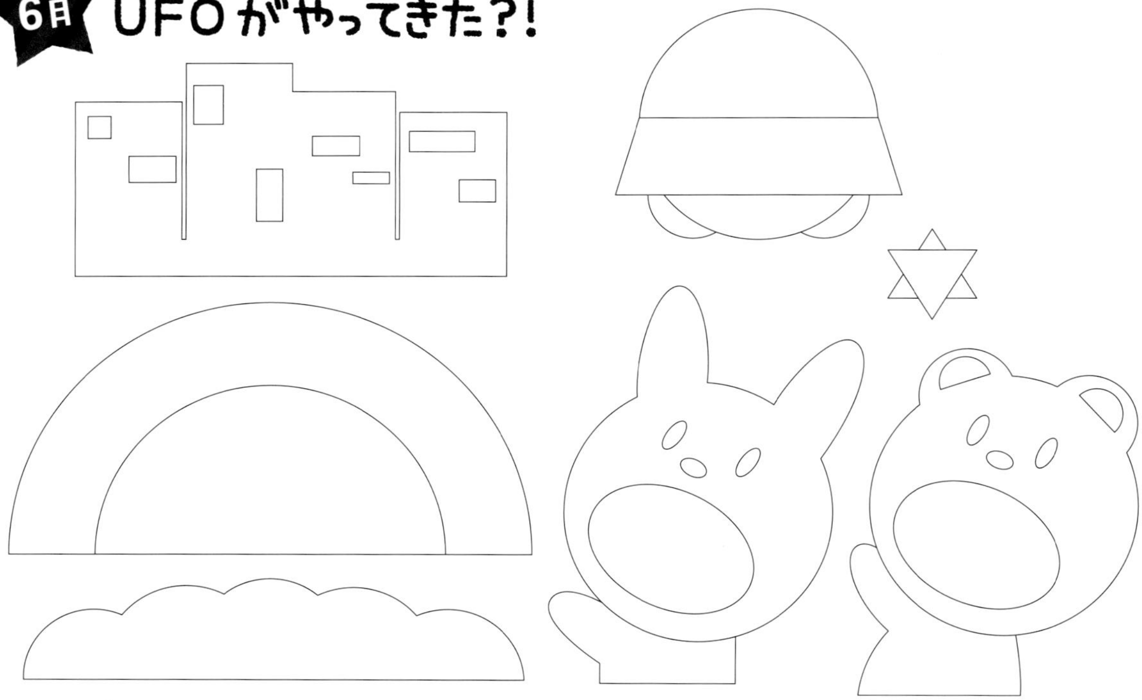

P34-35 7月 輝く天の川の 七夕会

●のりしろを適宜入れて切ってください　●それぞれの園に合わせて拡大率を調整してお使いください(詳しくはP128)

P36 7月 キラキラロケットで 宇宙さんぽ

P37 7月 うみ

P38-39 7月 カラフル綿あめ 夏まつり

P40 7月 みんなで踊ろう 夏まつり

P41 7月 おばけのかけっこ

P42-43 8月 元気いっぱい ひまわり畑

P44 8月 キラキラ輝く 花火大会

P45 8月 うらしまたろう

P46-47 8月 夏の虫さん 大集合

P48-49 8月 夏やさいを いただきまーす！

●のりしろを適宜入れて切ってください ●それぞれの園に合わせて拡大率を調整してお使いください（詳しくはP128）

P50-51 9月 うさぎさんたちの お月見会

P52 9月 いろいろな顔の コスモス畑

P53 9月 くだものいっぱい 実りの秋

P54-55 9月 ブレーメンの音楽隊

P56 9月 むしのこえ

P57 9月 はたらくくるま

●のりしろを適宜入れて切ってください　●それぞれの園に合わせて拡大率を調整してお使いください(詳しくはP128)

P58-59 10月 お芋掘り大会

P60 10月 がんばれ！がんばれ！運動会

P61 10月 どんぐりころころ

P62-63 10月 ハロウィンの夜に こんばんは

●のりしろを適宜入れて切ってください　●それぞれの園に合わせて拡大率を調整してお使いください（詳しくはP128）

P64 10月 どうぶつたちも 読書の秋

P65 10月 さるかにがっせん

●のりしろを適宜入れて切ってください　●それぞれの園に合わせて拡大率を調整してお使いください（詳しくはP128）

P66-67 11月 どうぶつたちの 紅葉狩り

P68 11月 アリとキリギリス

P69 11月 へんしん！おしゃれみのむし！

P70-71 11月 ふしぎなポケット

P72 11月 すてきなあめ袋をもって 七五三

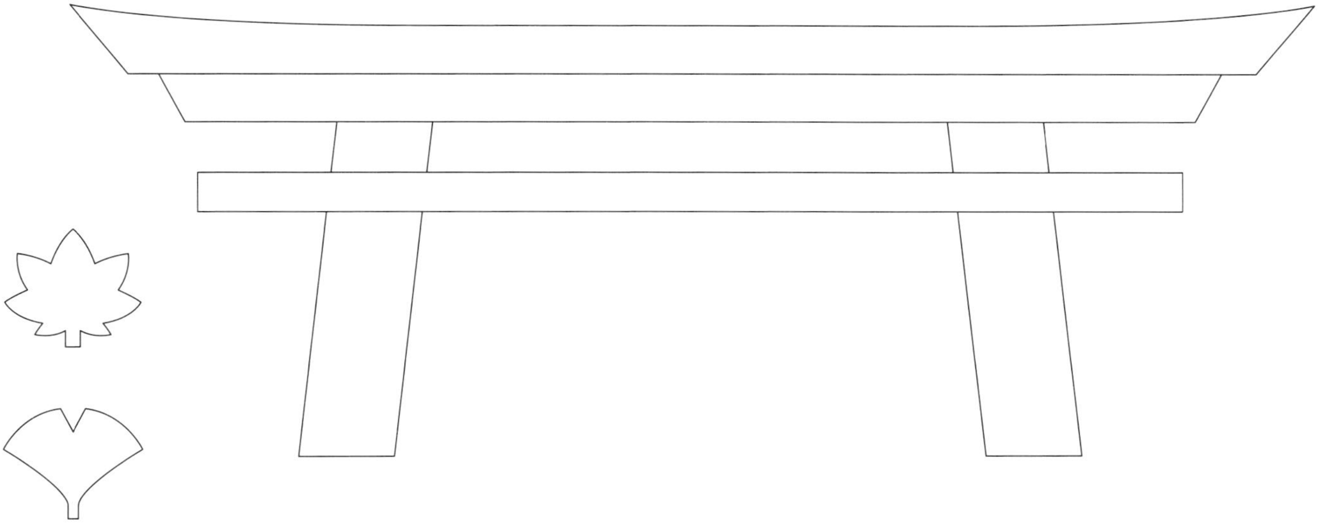

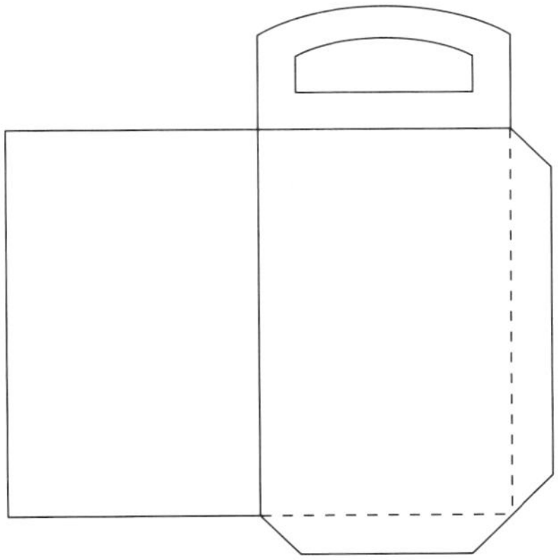

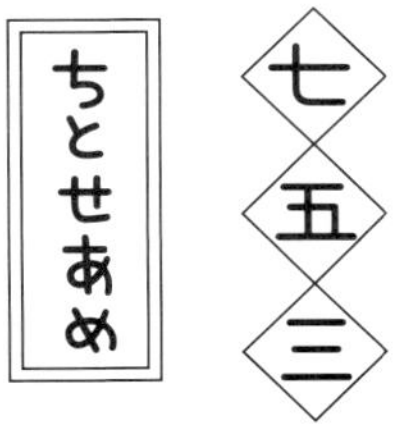

アレンジ用▼

P73 11月 おいしそうだね りんご狩り

P74-75 12月 夜空を飛ぶよ サンタそり

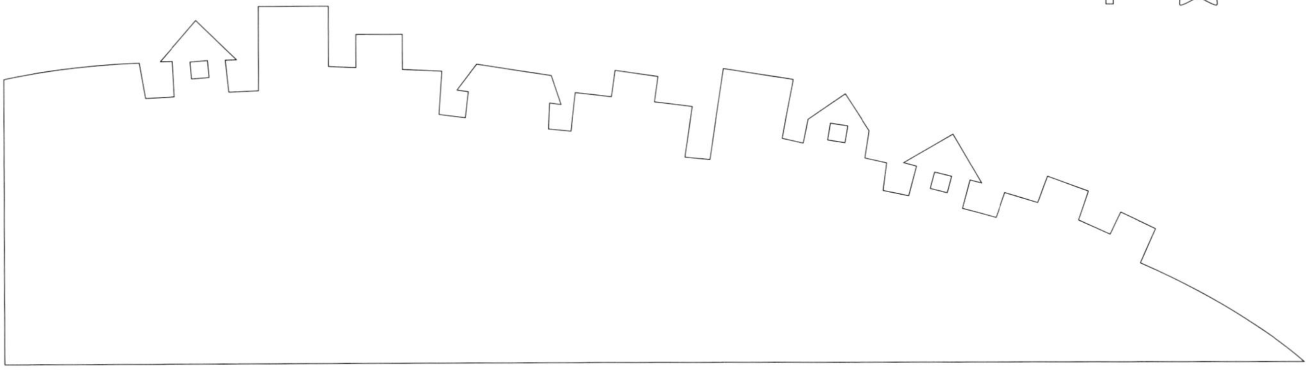

●のりしろを適宜入れて切ってください　●それぞれの園に合わせて拡大率を調整してお使いください（詳しくはP128）

P76 12月 みんなで飾ろう 大きなツリー

 ●のりしろを適宜入れて切ってください ●それぞれの園に合わせて拡大率を調整してお使いください(詳しくはP128)

P77 12月 リースにいっぱい プレゼント

◀リースはさらに２倍に拡大してください。

P78-79 12月 かさじぞう

▼背景と宝箱の展開図はさらに2倍に拡大してください。

 ●のりしろを適宜入れて切ってください　●それぞれの園に合わせて拡大率を調整してお使いください(詳しくはP128)

P80 12月 つるつるすべる 氷の世界

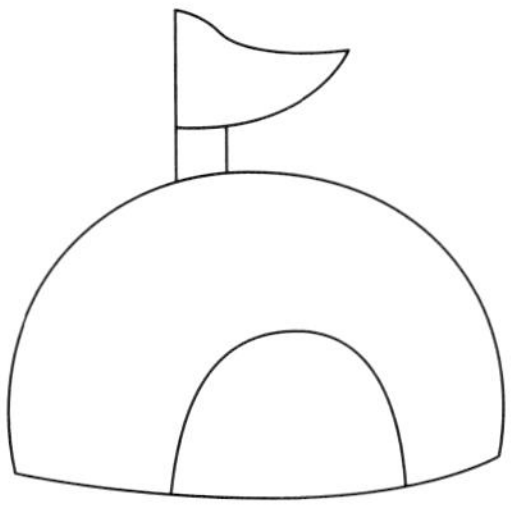

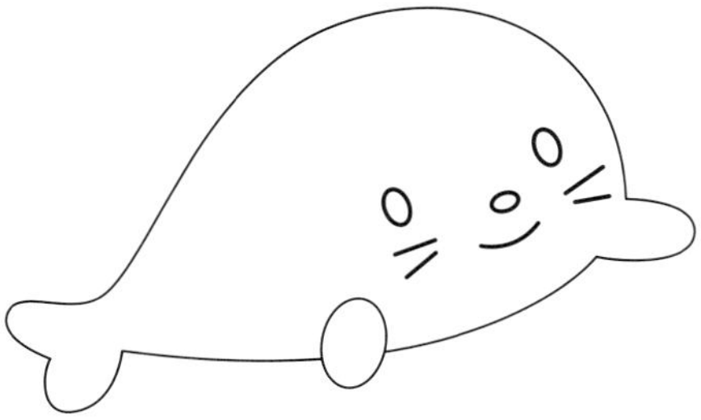

●のりしろを適宜入れて切ってください　●それぞれの園に合わせて拡大率を調整してお使いください（詳しくはP128）

P81 12月 おもちゃのチャチャチャ

P82-83 1月 今年の干支は なんだろな？ 十二支カルタ

●のりしろを適宜入れて切ってください　●それぞれの園に合わせて拡大率を調整してお使いください（詳しくはP128）

P84 1月 こまと羽子板で あそぼうよ！

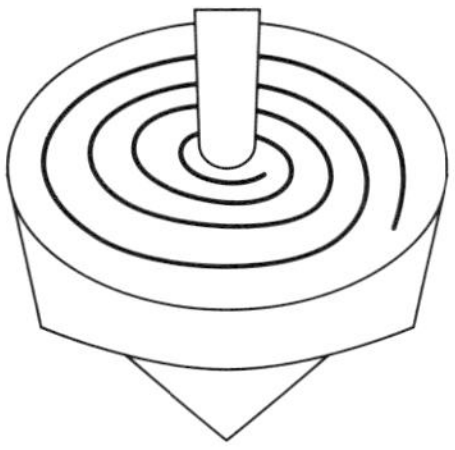

P85 1月 大きな鏡もちと 新年のお祝い

P86-87 1月 願いを込めて 絵馬を飾ろう

P88 1月 もちつき大会 ぺったんこ

●のりしろを適宜入れて切ってください ●それぞれの園に合わせて拡大率を調整してお使いください(詳しくはP128)

P89 1月 ペタペタはり絵の凧あげあそび

P90-91 2月 どうぶつたちの 豆まき大会

アレンジ用▼

●のりしろを適宜入れて切ってください　●それぞれの園に合わせて拡大率を調整してお使いください(詳しくはP128)

P92 2月 お口のあいた おにさん豆まき

P93 2月 手作りチョコをプレゼント

P94 2月 雪だるまもおしゃれにカラフル

P95 2月 てぶくろ

●のりしろを適宜入れて切ってください　●それぞれの園に合わせて拡大率を調整してお使いください(詳しくはP128)

P96 2月 具材がたっぷり おでんなべ

P97 2月 梅とうぐいす ほーほけきょ

P98-99 3月 みんなにっこり ひなまつり♪

P100 3月 ふわふわ菜の花

P101 3月 はるがきた

●のりしろを適宜入れて切ってください　●それぞれの園に合わせて拡大率を調整してお使いください（詳しくはP128）

P102 3月 はなさかじいさん

P103 3月 花いっぱいで そつえんおめでとう

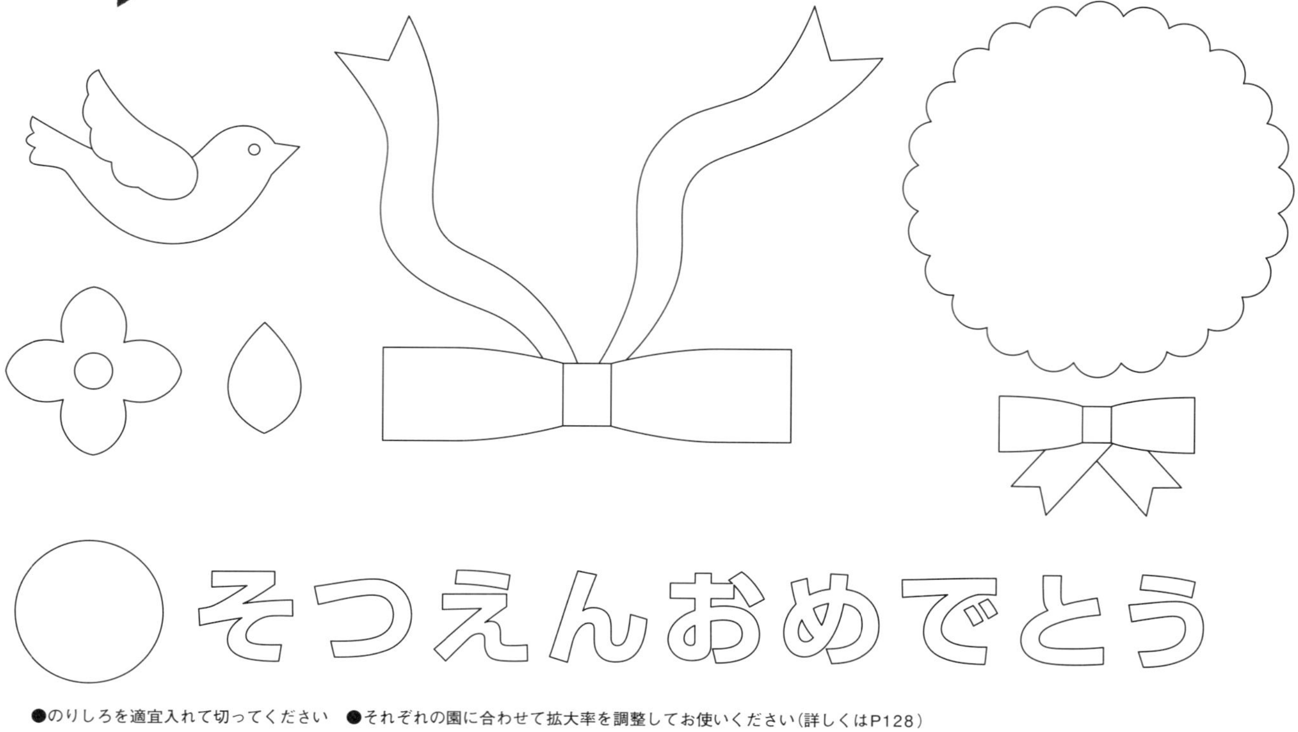

●のりしろを適宜入れて切ってください　●それぞれの園に合わせて拡大率を調整してお使いください(詳しくはP128)

P104 3月 綿毛にのって しんきゅうおめでとう

P105 3月 憧れのランドセル 1ねんせいももうすぐだ

P106-107 場所 わくわく どうぶつえん

P108 場所 ゆうえんち カラフルかんらんしゃ

P109 場所 うきうき こうえんあそび

P110-111 場所 おおきなすいそう すいぞくかん

 ●のりしろを適宜入れて切ってください　●それぞれの園に合わせて拡大率を調整してお使いください(詳しくはP128)

P112-113 誕生表 おめでとう！ ケーキ誕生表

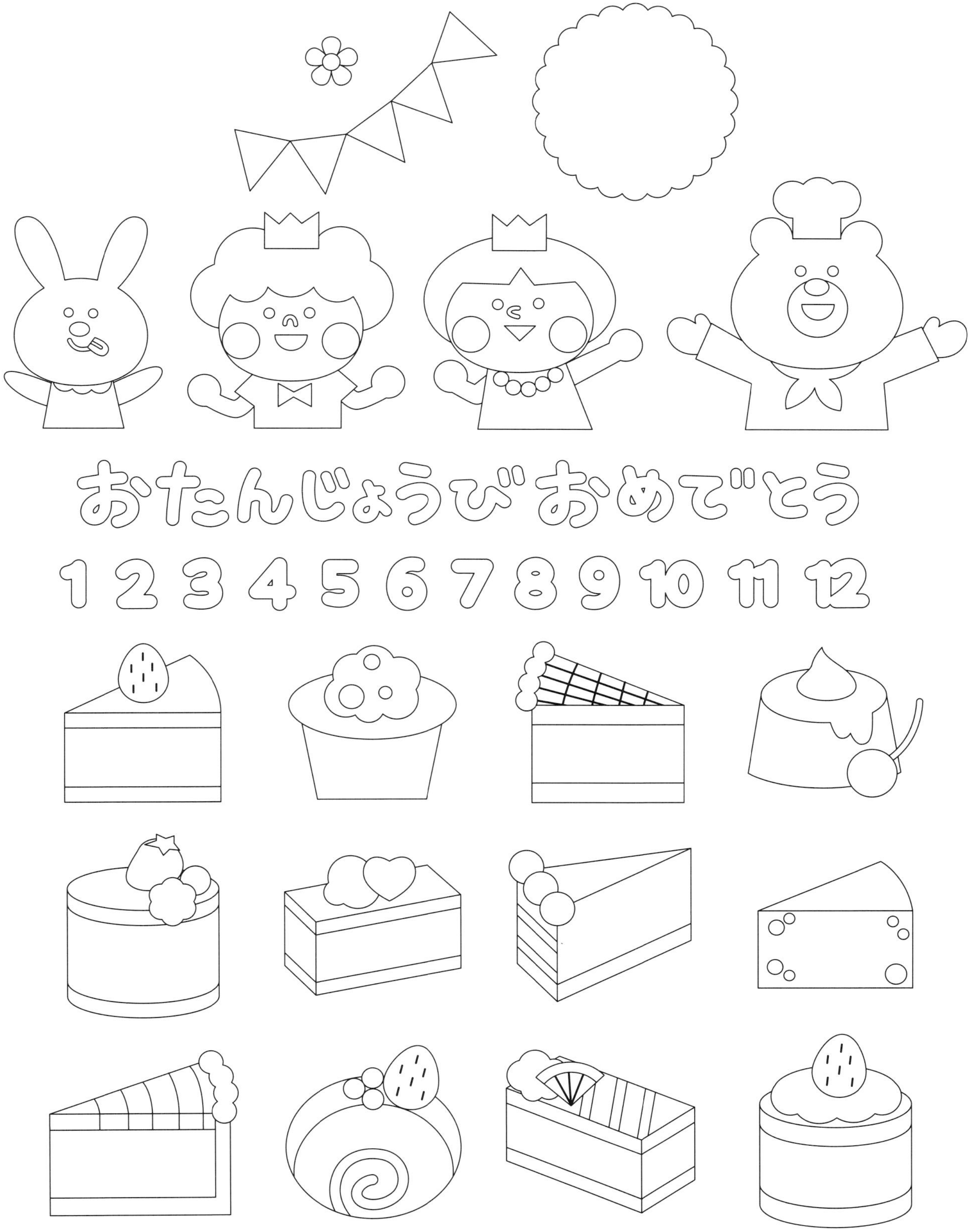

おたんじょうびおめでとう
1 2 3 4 5 6 7 8 9 10 11 12

P114 誕生表 おめでとう！ プレゼント誕生表

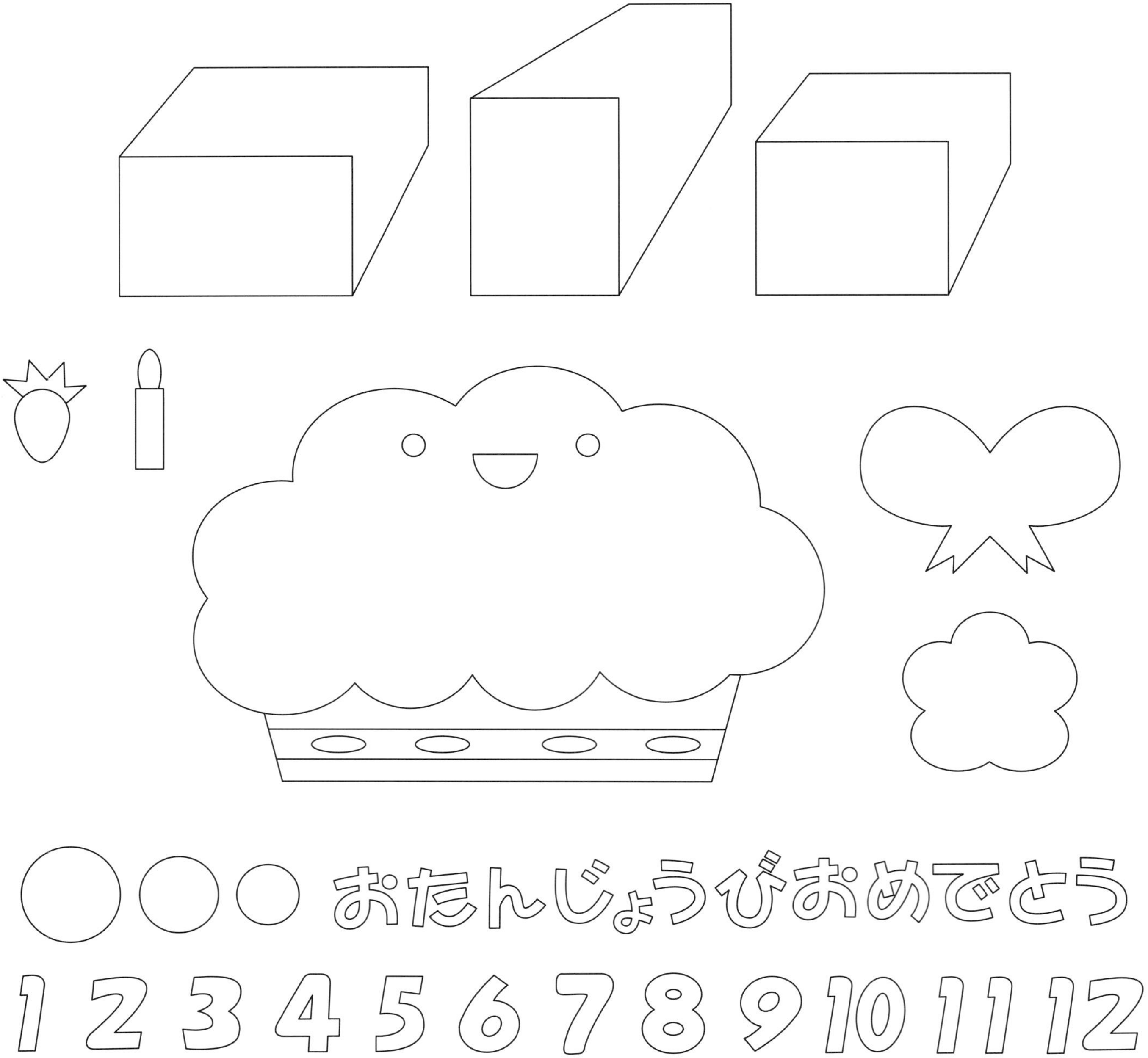
おたんじょうびおめでとう
1 2 3 4 5 6 7 8 9 10 11 12

P115 誕生表 おめでとう！ 季節のしょくぶつ誕生表

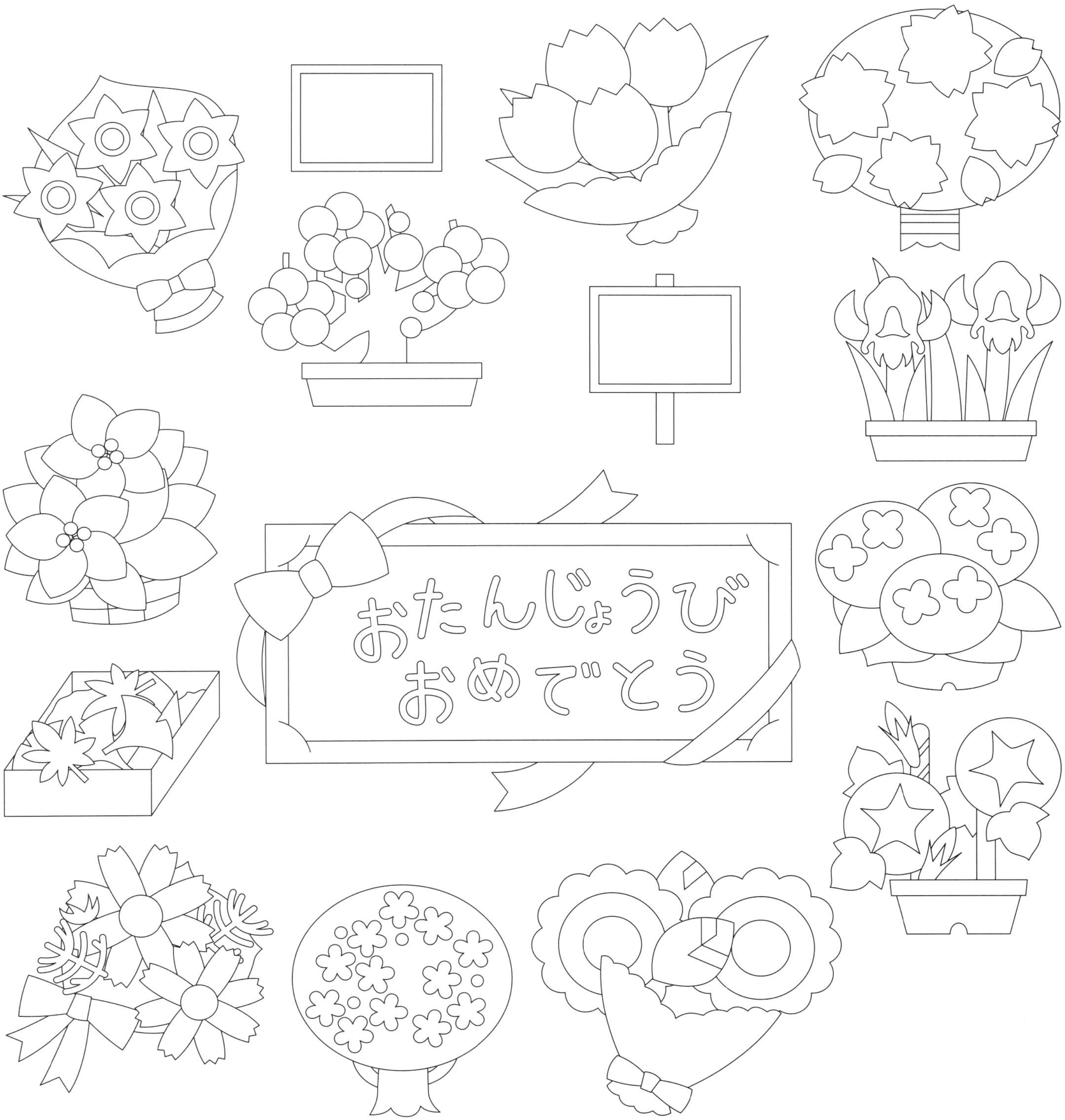
おたんじょうび
おめでとう

P116 誕生表 おめでとう！ 季節のくだもの誕生表

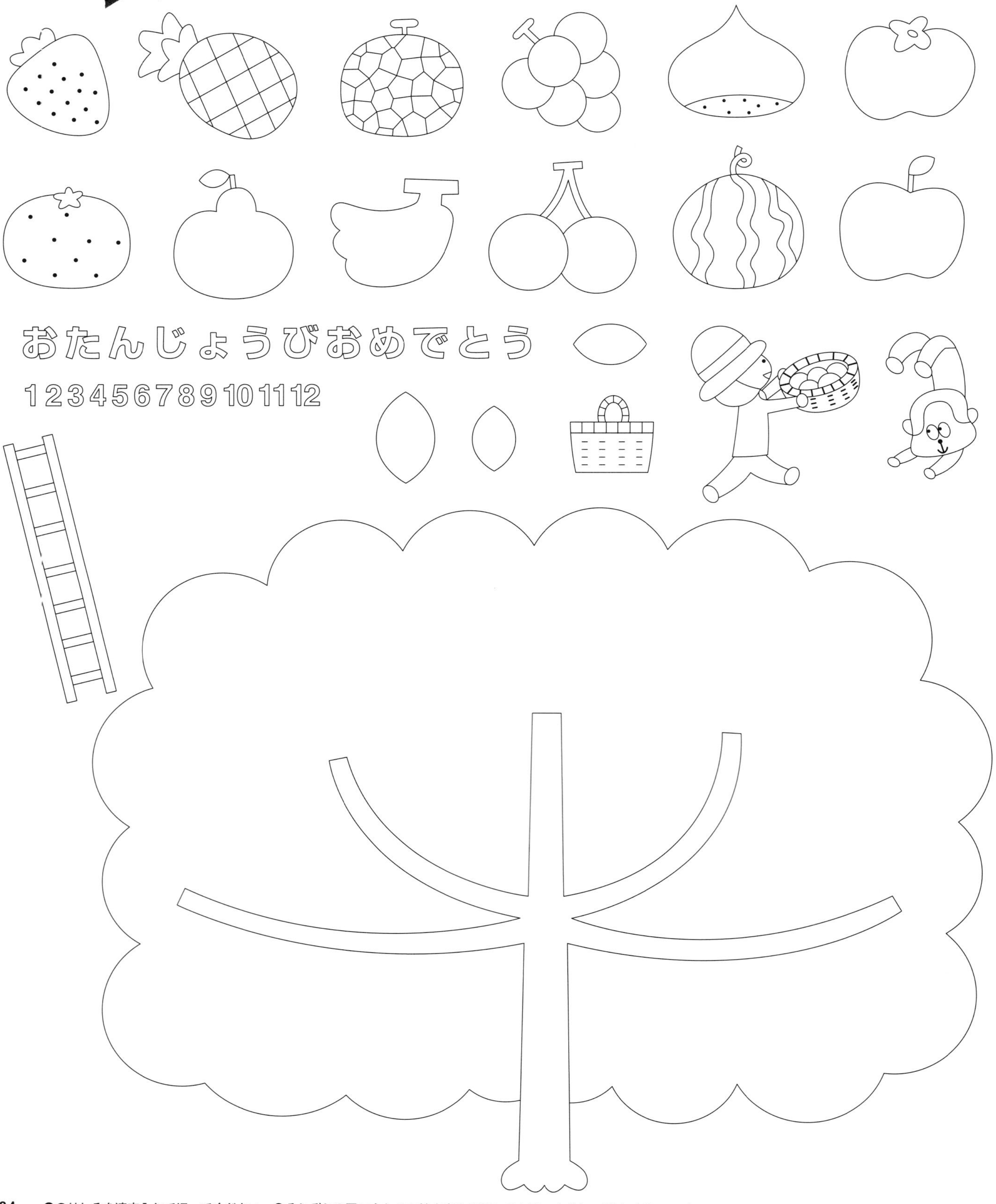
おたんじょうびおめでとう
123456789101112

P117 誕生表 おめでとう！ 星座のモチーフ誕生表

1 2 3 4 5 6 7 8 9 10 11 12
おたんじょうび
おめでとう

●のりしろを適宜入れて切ってください ●それぞれの園に合わせて拡大率を調整してお使いください（詳しくはP128）

P118 誕生表 おめでとう！どうぶつ気球誕生表

1 2 3 4 5 6 7 8 9 10 11 12
おたんじょうびおめでとう

 ●のりしろを適宜入れて切ってください　●それぞれの園に合わせて拡大率を調整してお使いください(詳しくはP128)

P119 誕生表 おめでとう！ どうぶつ飛行機誕生表

1 2 3 4 5 6 7 8 9 10 11 12
おたんじょうび
おめでとう

●のりしろを適宜入れて切ってください　●それぞれの園に合わせて拡大率を調整してお使いください(詳しくはP128)

P120 誕生表 おめでとう！ カップケーキ誕生表

1 2 3 4 5 6
7 8 9 10 11 12
おたんじょうびおめでとう

●のりしろを適宜入れて切ってください　●それぞれの園に合わせて拡大率を調整してお使いください(詳しくはP128)

P121 誕生表 おめでとう！ メリーゴーランド誕生表

おまけ あると便利！ よく使う ひらがな すうじ

にゅうえん

そつえん

しんきゅう

あけまして

おたんじょうび

おめでとう

1234567890

●のりしろを適宜入れて切ってください ●それぞれの園に合わせて拡大率を調整してお使いください(詳しくはP128)

製作

★Ayan＊
8年間保育士として働く。現在は子育て真っ最中。
アクセサリー作りなど細かい作業が趣味。

★内山 カナコ
2008年より、子ども・ファミリー向けのイラストや販促デザインを中心に活動。明るい雰囲気を大事にしている。

★おおしだ いちこ
保育士、保育雑誌の編集を経てイラストレーターに。
布おもちゃやクラフトの製作も行う。
http://ichikoohshidaillustration.businesscatalyst.com

★Kao
手に取った人が笑顔になれるような作品を、ジャンルを問わず製作。布を使った製作が得意。
http://kaofactory.blog.fc2.com

★kuilima
絵やアクセサリーを製作。趣味はイベントに出かけること。

★阪本あやこ
ごはんを作るより、はさみ、針、糸が大好き。
工作や刺繍、バッグなどを製作し雑誌媒体で活動中。

★佐藤 茉耶
元幼稚園教諭。現場経験から生まれるアイデアを大事に製作を行う。鮮やかでカラフルな色使いが得意。

★スピカ
学生時代より油絵を専門に学ぶ。
象と猫が好きで、親しみやすい作品を製作。
http://spispica.sakura.ne.jp

★とりう みゆき
イラストレーターとして雑誌、絵本等で活動中。
壁面飾りなどの製作も行う。

★ひい
保育士として働いた経験あり。布や綿、あたたかみのある素材を使った製作が好き。睡眠がいちばんの癒し。

★マーブルプランニング
つかさ みほ・みさき ゆい・くるみ れなによる姉妹ユニット。
イラストレーションやデザイン、
様々な素材を活かした造形プラン考案・製作などを行う。
http://marble-p.com

★町田 里美（studio・ab/スタジオ・アブ）
イラストレーター。幼児、保育者、小学校教諭向けの出版物を中心にイラスト、クラフト作品の製作を手がける。

★むなかた あすか
4年間保育士として働く。趣味は小旅行。犬（雑種）が好き。
福岡県、宗像市出身。

壁面イラスト

★おおき ひろみ（omitment）
イラストレーターとして服飾業界を中心に、
様々なジャンルの企業にデザインを提供。
http://www.omitment.com

★蔵澄 咲帆
子ども向けの楽しくカラフルなタッチで、
絵本・教材・広告等、幅広い分野で活動中。
http://sakiho-kurazumi.com

★小泉 直子
セツ・モードセミナーで絵を学んだのちイラストレーターに。
雑誌、書籍を中心に活動中。
http://koizuminaoko.net

★高橋 美紀
イラストレーターとして雑誌、文具などを中心に活動中。
温もりある絵を心がけている。
http://www3.plala.or.jp/salassa

★竜田 麻衣
イラストレーター。雑誌、書籍を中心に活動。
子どもや動物のイラストが得意。
http://www.geocities.jp/tatsutamai

★蔦澤 あや子
イラストレーターとして活動中。
ほっこりかわいい世界観と動物イラストが得意。
http://penapena.com

★わたなべ ふみ
保育誌・幼児教材などでイラスト製作を行う。
ホームページでイラスト素材も配布中。
http://www.fumira.jp

本文作り方イラスト

★ささき ともえ
書籍・雑誌のイラストを主に、最近は園児向けの製作物なども手がけている。著書『かんたんイラストドリル』（主婦の友社）『気持ちが伝わる手描きイラスト』（大和出版）他。
http://tomoehome.web.fc2.com

スタッフ

本文デザイン・DTP	根本綾子 アトリエゼロ（小堀由美子）
撮影	横田 裕美子（STUDIO BANBAN）
型紙制作	坂川由美香
折り図制作	青木 良
校正	みね工房
編集・制作	株式会社　童夢

本書の内容に関するお問い合わせは、**書名、発行年月日、該当ページを明記**の上、書面、FAX、お問い合わせフォームにて、当社編集部宛にお送りください。**電話によるお問い合わせはお受けしておりません。**
また、本書の範囲を超えるご質問等にもお答えできませんので、あらかじめご了承ください。
FAX：03－3831－0902
お問い合わせフォーム：http://www.shin-sei.co.jp/np/contact-form3.html

決定版！12か月のかわいい壁面87

編　者　新星出版社編集部
発行者　富　永　靖　弘
印刷所　公和印刷株式会社

発行所　東京都台東区台東２丁目24　株式会社　新星出版社
〒110－0016　☎03（3831）0743

ISBN978-4-405-07213-8